목적이 이끄는 기독교 기본 교리

(참가자용 하)

국제제자훈련원은 건강한 교회를 꿈꾸는 목회의 동반자로서 제자 삼는 사역을 중심으로
성경적 목회 모델을 제시함으로 세계 교회를 섬기는 전문 사역 기관입니다.

목적이 이끄는 기독교 기본 교리 (참가자용 하)

초판 1쇄 발행 2005년 7월 14일
개정 2판 14쇄(21쇄) 2021년 10월 21일

지은이 새들백교회 톰 할러데이 · 케이 워렌 공저

펴낸이 오정현
펴낸곳 국제제자훈련원
등록번호 제2013-000170호(2013년 9월 25일)
주소 서울시 서초구 효령로68길 98(서초동)
전화 02)3489-4300 **팩스** 02)3489-4329
이메일 dmipress@sarang.org

ISBN 978-89-5731-240-7

목적이 이끄는 기독교 기본 교리

새들백교회의
톰 할러데이 · 케이 워렌 공저

국제제자훈련원

목차

밭 갈기	하나님이 주신 구원의 선물을 이해하면,

- 하나님께서 당신을 위해 하신 일 때문에 하나님을 더 깊이 사랑하게 된다.
- 다른 사람들에게, 하나님께서 그들을 어떻게 변화시키실지 더 확신 있게 말할 수 있게 된다.

성경의 큰 주제는 하나님께서 예수님의 탄생, 그의 십자가 죽음, 그리고 부활을 통해서 우리를 죄에서 영원히 구원하려는 계획을 세우셨다는 것이다. 하나님께서는 창세 전부터 인간에게 구원자가 필요하게 될 것을 아셨기 때문에, 인간의 구원을 이루는 데 필요한 모든 것을 미리 준비하셨다.

아무리 십자가의 메시지에 익숙하다 하더라도, 그 은혜를 당연하게 생각하거나, "다 아는 이야기야"라는 태도를 갖지 않도록 주의해야 한다. 그리스도께서 십자가에서 이루신 일은 깊고도 심오하여, 우리가 완전하게 깨달을 수 있는 진리가 아니기 때문이다.

이번 시간에는 아래 주제에 대해 이야기할 것이다.

  문제 : 구원이 필요한 인간

  답 : 죄에 대한 하나님의 해결책

그리고 다음 시간에는 아래 주제를 살펴볼 것이다.

  약속 : 확실한 구원

문제 : 구원이 필요한 인간

인간이 구원받아야 하는 이유를 이해하려면, 하나님의 본질과 인간의 본질의 차이를 살펴보아야 한다.

하나님의 본질

우리가 구원자의 필요성을 과소평가하는 것은 하나님을 과소평가하기 때문이다.

1. 하나님은 _____ 하시다.

   "지극히 존귀하며 영원히 거하시며 거룩하다 이름하는 이가 이와 같이 말씀하시되 내가 높고 거룩한 곳에 있으며 또한 통회하고 있나니 이는 겸손한 자의 영을 소생시키며 통회하는 자의 마음을 소생시키려 함이라"(이사야 57:15)

   "너희는 여호와 우리 하나님을 높이고 그 성산에서 예배할지어다 여호와 우리 하나님은 거룩하심이로다"(시편 99:9)

   "주께서는 눈이 정결하시므로 악을 차마 보지 못하시며 패역을 차마 보지 못하시거늘 어찌하여 거짓된 자들을 방관하시며 악인이 자기보다 의로운 사람을 삼키는데도 잠잠하시나이까"(하박국 1:13)

하나님은 악을 용납하실 수 없다.

2. 하나님은 의로우시고 _____ .

거룩은 주로 하나님의 성품과 관련된다. 의와 공의는 주로 하나님께서 그분의 성품에 따라 인간들을 어떻게 대하시는가와 관련된다.

"여호와는 은혜로우시며 의로우시며 우리 하나님은 긍휼이 많으시도다"(시편 116:5)

"여호와께서는 그 모든 행위에 의로우시며 그 모든 일에 은혜로우시도다" (시편 145:17)

인간의 본질

1. 우리의 본질 : 우리는 죄성이 있다.

성경은 아담과 하와가 선악을 알게 하는 나무의 실과를 먹지 말라는 하나님의 지시에 불순종하는 죄를 지었다고 기록한다(창세기 2:17; 3장). 그들이 악과 타락에 대해 부지불식간에 문을 열었기 때문에 오늘날 그것들이 우리의 세상에 속속들이 침투해 있는 것이다. 하나님은 그들과 그들의 모든 후손을 저주하셨다.

2. 우리의 선택 : 우리는 죄를 짓는다.

하나님은 우리와 아담의 관계, 또한 우리 자신의 선택 때문에 우리 모두는 죄를 짓는다고 말씀하신다(로마서 5:18; 19; 3:10~18).

3. 우리의 상태 : 우리는 잃어버린바 되었다(눅 19:10).

집중 탐구 | 죄, 그리고 그 결과는 무엇인가?

- 육체적, 영적 사망 선고(창세기 3:19; 요한복음 3:18; 로마서 6:23)
- 하나님과 분리(에베소서 2:12)
- 죄의 지배와 통제(에베소서 2:1~3; 로마서 6:6)
- 영적 맹인(고린도후서 4:3, 4)
- 깨닫지 못함(로마서 3:11)
- 하나님과 원수가 됨(마태복음 12:30)
- 하나님의 진노의 대상이 됨(에베소서 2:3)
- 마귀의 자녀로 간주됨(요한복음 8:44)

성경은 상상할 수 있는 가장 불쌍한 모습으로 인류의 잃어버려진 상태를 묘사한다. 그것은 자기 욕심을 위해 사느라 땅에서의 삶을 헛되이 보낼 뿐 아니라, 그 결과로 하나님과 분리된 영원을 맞게 되는 모습이다(로마서 6:23; 누가복음 13:3; 마태복음 25:46).

답 : 죄에 대한 하나님의 해결책

하나님의 해결책은 "예수를 믿음"이라는 한 마디에 있다.

> "이 예수를 하나님이 그의 피로써 믿음으로 말미암는 화목 제물로 세우셨으니 이는 하나님께서 길이 참으시는 중에 전에 지은 죄를 간과하심으로 자기의 의로우심을 나타내려 하심이니 곧 이때에 자기의 의로우심을 나타내사 자기도 의로우시며 또한 예수 믿는 자를 의롭다 하려 하심이라"(로마서 3:25, 26)

구원의 세 가지 핵심 진리

1. 구원은 행위가 아니라 _____로 받는다.

   "너희는 그 은혜에 의하여 믿음으로 말미암아 구원을 받았으니 이것
   은 너희에게서 난 것이 아니요 하나님의 선물이라 행위에서 난 것이
   아니니 이는 누구든지 자랑하지 못하게 함이라"(에베소서 2:8, 9)

2. 구원은 우리가 아닌, _____께서 주도하셨다.

   인간이 하나님께로 _____ 것이 아니라, 하나님께서 인간에게
   로 _____ .

   "우리가 아직 연약할 때에 기약대로 그리스도께서 경건하지 않은 자를 위
   하여 죽으셨도다 의인을 위하여 죽는 자가 쉽지 않고 선인을 위하여 용
   감히 죽는 자가 혹 있거니와 우리가 아직 죄인 되었을 때에 그리스도께
   서 우리를 위하여 죽으심으로 하나님께서 우리에 대한 자기의 사랑을 확
   증하셨느니라"(로마서 5:6~8)

3. 구원은 하나님께서 급히 만들어내신 것이 아니라, 하나님의 영원한
   _____이다.

   "너희가 …대속함을 받은 것은 …오직 흠 없고 점 없는 어린양 같은 그
   리스도의 보배로운 피로 된 것이라 그는 창세 전부터 미리 알린 바 되
   신 이나 이 말세에 너희를 위하여 나타내신 바 되었으니"(베드로전서
   1:18~20)

   "하나님이 우리를 구원하사 거룩하신 소명으로 부르심은 우리의 행
   위대로 하심이 아니요 오직 자기의 뜻과 영원 전부터 그리스도 예
   수 안에서 우리에게 주신 은혜대로 하심이라"(디모데후서 1:9)

구원에 대한 일곱 가지 정의

1. _____ : 예수님께서 나 대신 죽으셨다.

   "그리스도께서도 한 번 죄를 위하여 죽으사 의인으로서 불의한 자를 대신하셨으니 이는 우리를 하나님 앞으로 인도하려 하심이라 육체로는 죽임을 당하시고 영으로는 살리심을 받으셨으니"(베드로전서 3:18)

   ● 나를 대신하여 죄가 되셨다(고린도후서 5:21).
   ● 십자가에서 자기 몸으로 나의 죄를 담당하셨다(베드로전서 2:24).
   ● 다른 사람들의 죄를 담당하시려 단번에 고통을 당하셨다(히브리서 9:28).
   ● 다른 사람들의 죄로 인해 고초당하셨다(이사야 53:4~6).
   ● 나를 위하여 저주를 받은바 되셨다(갈라디아서 3:13).

   "내가 그리스도와 함께 십자가에 못 박혔나니 그런즉 이제는 내가 사는 것이 아니요 오직 내 안에 그리스도께서 사시는 것이라 이제 내가 육체 가운데 사는 것은 나를 사랑하사 나를 위하여 자기 자신을 버리신 하나님의 아들을 믿는 믿음 안에서 사는 것이라"(갈라디아서 2:20)

2. _____ : 예수님께서 나와 하나님의 관계를 회복하셨다.

   "또 모세의 율법으로 너희가 의롭다 하심을 얻지 못하던 모든 일에도 이 사람을 힘입어 믿는 자마다 의롭다 하심을 얻는 이것이라"(사도행전 13:39)

   "예수는 우리가 범죄한 것 때문에 내줌이 되고 또한 우리를 의롭다 하시기 위하여 살아나셨느니라"(로마서 4:25)

3. _____ : 예수님께서 나와 하나님을 다시 친구 되게 하셨다.

   "하나님께서 그리스도 안에 계시사 세상을 자기와 화목하게 하시며 그들의 죄를 그들에게 돌리지 아니하시고 화목하게 하는 말씀을 우리에게 부탁하셨느니라"(고린도후서 5:19)

"곧 우리가 원수 되었을 때에 그의 아들의 죽으심으로 말미암아 하나님과 화목하게 되었은즉 화목하게 된 자로서는 더욱 그의 살아나심으로 말미암아 구원을 받을 것이니라"(로마서 5:10)

예수님은 하나님과 사람 사이에 다리가 되셨다.

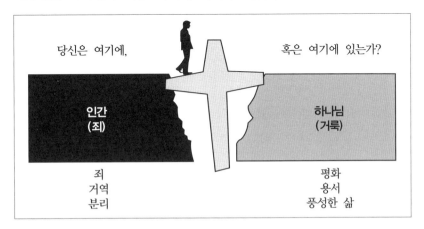

4. _____ : 예수님께서 나를 하나님의 자녀로 삼으셨다.

"그 기쁘신 뜻대로 우리를 예정하사 예수 그리스도로 말미암아 자기의 아들들이 되게 하셨으니"(에베소서 1:5)

"자녀이면 또한 상속자 곧 하나님의 상속자요 그리스도와 함께한 상속자니 우리가 그와 함께 영광을 받기 위하여 고난도 함께 받아야 할 것이니라"(로마서 8:17)

"너희는 다시 무서워하는 종의 영을 받지 아니하고 양자의 영을 받았으므로 아빠 아버지라고 부르짖느니라"(로마서 8:15)

5. _____ : 예수님께서 자기 피의 값으로 나의 구원을 사셨다.

짚고 넘어갑시다

구속 (Redemption)

헬라어로 '구속'은 시장에서 노예를 사는 것을 가리킨다. 영적인 의미에서, 우리 모두는 죄의 종이었는데 예수님께서 노예 시장에서 우리를 사셔서 죄의 속박으로부터 해방시키셨다. 예수님께서 그 피로 노예 구입 비용을 지불하고 우리를 사셨기 때문에 우리는 이제 오직 그분께만 속한다.

"그가 우리를 흑암의 권세에서 건져내사 그의 사랑의 아들의 나라로 옮기셨으니 그 아들 안에서 우리가 속량 곧 죄 사함을 얻었도다"(골로새서 1:13, 14)

"너희가 알거니와 너희 조상이 물려 준 헛된 행실에서 대속함을 받은 것은 은이나 금같이 없어질 것으로 된 것이 아니요 오직 흠 없고 점 없는 어린양 같은 그리스도의 보배로운 피로 된 것이니라"(베드로전서 1:18, 19)

6. _____ : 예수님께서 내 죄를 완전히 없애셨다.

짚고 넘어갑시다

화목 제물 (Propitiation)

화목 제물이 된다는 것은 자기를 희생해서 어떤 요구나 필요를 대신 만족시킨다는 말이다. 동방 종교에서는 "신들을 달래다"라는 의미를 담은 단어였다. 이 단어의 성경적 의미는 하나님의 공의를 온전하게 이루어 드림으로써 하나님의 은혜를 얻는 것이다.

구약에서 화목 제물은 속죄소에서 드려졌다. 속죄소의 성막과 성전 안에 있는 언약궤의 덮개 위에, 죄를 지어 죽어야 하는 백성들 대신 제물의 피가 뿌려졌다.

"그는 우리 죄를 위한 화목 제물이니 우리만 위할 뿐 아니요 온 세상의 죄를 위하심이라"(요한일서 2:2)

"사랑은 여기 있으니 우리가 하나님을 사랑한 것이 아니요 하나님이 우리를 사랑하사 우리 죄를 속하기 위하여 화목 제물로 그 아들을 보내셨음이니라"(요한일서 4:10)

7. _____ : 예수님께서 내 죄를 나로부터 멀리 떠나게 하셨다.

"우리는 그리스도 안에서 그의 은혜의 풍성함을 따라 그의 피로 말미암아 속량 곧 죄 사함을 받았느니라"(에베소서 1:7)

"또 범죄와 육체의 무할례로 죽었던 너희를 하나님이 그와 함께 살리시고 우리의 모든 죄를 사하시고"(골로새서 2:13)

"동이 서에서 먼 것같이 우리의 죄과를 우리에게서 멀리 옮기셨으며"(시편 103:12)

"…우리의 모든 죄를 깊은 바다에 던지시리이다"(미가 7:19)

구원의 세 가지 시점 : 과거, 현재, 미래

1. _____에, 나는 죄의 _____로부터 구원받았다(칭의).

2. _____에, 나는 죄의 _____로부터 구원받고 있다(성화).

3. _____에, 나는 죄의 _____로부터 구원될 것이다(영화).

예수님의 죽음으로 인해 하나님의 구원의 역사는 모두 성취되었지만(예수님은 "다 이루었다"고 말씀하셨다), 우리는 구원으로 인해 얻을 수 있는 모든 것들을 아직 다 경험하지는 않았다. 아직도 우리 앞에는 많은 선물이 남아 있다.

기억합시다

구원받으려면 오늘 배운 것을 모두 이해해야만 할까? 그렇지 않다.
세 가지 사실만 알면 된다.

1. 나는 죄인이다.
2. 예수님께서 나 대신 죽으셨다.
3. 하나님을 거역한 죄를 용서해 달라고 기도하고, 예수님을 나의 주님으로 영접하면, 하나님께서는 나를 구원하신다.

이 세 가지 사실을 이해하지 못할 사람은 없을 것이다. 구원에 대한 진리는 어린아이도 이해할 수 있을 만큼 쉬우면서, 평생 공부해도 결코 완전히 이해할 수 없을 정도로 심오하다.

가장 중요한 질문 : 예수님의 피 값으로 산 하나님의 선물을 당신은 받아들였는가?

암송 카드 6번, '구원'을 암송하라.

집중 탐구 | 예정론

선택과 예정에 관한 교리는 기독교에서 가장 이해하기 어려운 교리 중 하나이다. '선택'은 하나님이 특별한 목적을 가지고 특정한 사람들을 고르신 것을 의미하며, 영적 선택은 하나님께서 구원받을 성도들을 어떻게 선택하시는가에 관한 것이다.

선택에 관한 교리 사상에는 칼뱅주의와 알미니안주의라는 두 개의 주류가 있다. 칼뱅주의(16세기의 신학자인 장 칼뱅의 이름에서 따옴)는 "택정, 선택, 예정" 같은 단어들을 강조한다. 칼뱅주의자들은 특정한 사람들만이 구원받도록 택함받았으며, 선택되지 않은 사람들은 하나님께서 내버려두신다고 말한다. 이러한 주장은 베드로전서 1장 1, 2절과 같은 말씀에 기초한 것이다.

> "예수 그리스도의 사도 베드로는 본도, 갈라디아, 갑바도기아, 아시아와 비두니아에 흩어진 나그네 곧 하나님 아버지의 미리 아심을 따라 성령이 거룩하게 하심으로 순종함과 예수 그리스도의 피 뿌림을 얻기 위하여 택하심을 받은 자들에게 편지하노니 은혜와 평강이 너희에게 더욱 많을지어다"
> (베드로전서 1:1, 2)

알미니안주의(또 다른 16세기 신학자인 제임스 알미니우스의 이름에서 따옴)는 "누구든지"와 "아무도 멸망치 않고"와 같은 말들을 강조한다. 이 주장은 요한복음 3장 16절과 베드로후서 3장 9절 등의 말씀에 기초한다. 알미니안주의자들은 하나님이 인간에게 구원에 대한 자유 의지를 주셨음을 믿으며, 누가 믿음으로 복음을 받아들일지 미리 아셔서 그 사람들을 선택하시는 것이라고 말한다.

> "주의 약속은 어떤 이들이 더디다고 생각하는 것같이 더딘 것이 아니라 오직 주께서는 너희를 대하여 오래 참으사 아무도 멸망하지 아니하고 다 회개하기에 이르기를 원하시느니라"(베드로후서 3:9)

우리는 성경이 두 가지 진리를 다 가르친다고 믿으며, 위의 성경 말씀 중에 하나라도 무시하거나 한 가지 주장을 다른 주장보다 강조하지 않는다. 하나님은 우리에게 하나님을 사랑하기로, 혹은 사랑하지 않기로 선택할 자유를 허락하셨다. 그러나 우리의 선택의 자유가 하나님의 주권적 선택을 넘어서지는 못한다. 우리의 사고는 한계가 있어서 이러한 개념들을 완벽하게 이해해서 조화시키기 어렵다. 결국, 이것은 믿음의 문제이다.
"나는 하나님을 영접하고 싶지만, 하나님이 나를 선택하지 않으셨으면 어쩌지?"라는 두려움을 가지고 있는 사람들도 있다. 그러나 그럴 일은 결코 없다! 당신의 마음속에 하나님을 향한 갈급함이 있다면, 당신은 택함받은 자 중의 한 명이다.

Q 토의

1. 하나님의 구원의 역사 중에 가장 놀라운 부분은 무엇인가?

2. 구원받기 전에 자신이 얼마나 영적으로 무기력한 상태였는지 깨달은 사람이 그룹 안에 있다면, 그의 이야기를 들어 보자. 구원받기 전 자신의 무기력한 상태를 철저하게 깨달았기 때문에, 구원의 선물에 더 감사하게 된 사람의 이야기를 들어 본 적이 있는가?

3. 칭의의 진리를 이해하기 힘들어하는 사람들이 많다. 왜 우리 자신이 하나님 앞에서 죄 없다고 믿기가 그토록 어려운 것일까? 당신을 의롭다 하시겠다는 하나님의 약속을 믿게 된 계기나 도움이 된 성경 말씀이 있다면?

4. 우리가 선물로 받은 구원에 대해 당연하게 생각하거나, 혹은 구원받은 데 대해 내 의를 드러내게 될 때는 언제인가? 어떻게 하면 오로지 은혜로만 구원을 받는다는 진리를 매일 되새길 수 있을까?

5. 11장에서 살펴본 구원의 일곱 가지 정의를 꼭 기억하자.

   1. 대속 : 예수님께서 나 대신 죽으셨다.
   2. 칭의 : 예수님께서 나와 하나님의 관계를 회복하셨다.
   3. 화목 : 예수님께서 나와 하나님을 다시 친구 되게 하셨다.
   4. 양자 됨 : 예수님께서 나를 하나님의 자녀로 삼으셨다.
   5. 구속 : 예수님께서 자기 피의 값으로 나의 구원을 사셨다.
   6. 화목 제물 : 예수님께서 하나님의 공의를 완전하게 이루셨다.
   7. 용서 : 예수님께서 내 죄를 완전히 없애셨다.

이 정의 중에 당신의 가슴에 가장 뭉클하게 다가오는 것은 무엇인가?

좀 더 깊이 이해하고 싶은 정의는 무엇인가?

다른 사람에게 예수를 믿는 것이 무엇인지 설명하기 위해 활용해 볼 만한 정의는 무엇이 있겠는가?

A 빈 칸에 알맞은 단어

거룩	화목
공의로우시다	양자 됨
은혜	구속
하나님	화목 제물
올라간, 내려오셨다	용서
계획	과거, 형벌
대속	현재, 권세
칭의	미래, 존재

12장 **구원 II**

 밭 갈기 | 구원의 확신을 통해,
하나님의 사랑을 온전하게 경험하고, 하나님의 은혜를
가슴 깊이 감사하게 된다.

지난 시간에 배운 내용

- 성경 전체를 흐르고 있는 가장 큰 주제는, 하나님의 아들이신 예수님의 죽음과 부활을 통해 우리를 죄의 형벌, 죄의 권세, 죄의 존재로부터 구하시려는 하나님의 계획이다.

- 하나님의 본질은 거룩하고, 의롭고, 공의롭다. 인간은 본질적으로, 그리고 또한 자신의 선택으로 인해 죄 그 자체다. 이에 대한 하나님의 해결책은 우리에게 구원자를 주신 것이다.

- 우리는 예수님께서 십자가 상에서 우리를 위해 하신 일곱 가지 일을 살펴보았다.
  1. 대속 : 예수님께서 나 대신 죽으셨다.
  2. 칭의 : 예수님께서 나와 하나님의 관계를 회복하셨다.
  3. 화목 : 예수님께서 나와 하나님을 다시 친구 되게 하셨다.
  4. 양자 됨 : 예수님께서 나를 하나님의 자녀로 삼으셨다.
  5. 구속 : 예수님께서 자기 피의 값으로 나의 구원을 사셨다.
  6. 화목 제물 : 예수님께서 하나님의 공의를 완전하게 이루셨다.
  7. 용서 : 예수님께서 내 죄를 완전히 없애셨다.

하나님께서 이 풍성한 모든 은혜를 우리에게 주셨음에도 불구하고, 많은 그리스도인들이 자신의 구원을 확신하지 못하고 있다. 지난 시간에, 우리는 문제(구원의 필요성)와 답(구원의 해결책)을 살펴보았다. 이번 장에서는, 구원을 어떻게 확신할 수 있는지 알아보자.

왜 그렇게 많은 사람들이 구원의 확신을 갖지 못하는가?

• 언제 그리스도를 영접했는지 구체적 _____ 을 말할 수 없기 때문이다.[1]

• 믿음을 표현한 방법의 _____ 에 의문을 품기 때문이다.

"내가 기도를 제대로 한 것일까? 무엇을 믿겠다고 한 것인지나 제대로 알고 기도한 것일까? 왜 아무런 감정의 변화가 없는 거지?"

• 구원받은 후에 짓는 _____ 때문이다.

구원에 대한 나의 개인적인 확신과 실제 구원 여부는 별개의 문제이다. 내가 확신하지 못하더라도, 확실한 구원은 하나님의 약속에 근거한 사실이다. 이 장에서, 우리는 하나님의 구원의 약속이 어떻게 우리의 구원을 변호해 주시는지 보려 한다.

약속 : 확실한 구원

우리가 성도로서 구원의 확신을 갖도록 삼위일체의 각 위께서 도와주신다.

---

1) The three bulleted points were adapted from Charles C. Ryrie, *So Great Salvation* (Wheaton, Ill.:Victor, 1989), 142-43.

_____ 의 주권적 결정

● 하나님은 우리가 '무죄'라고 선언하셨으며, 우리가 받아야 할 형벌을 취소하셨다.

"내가 진실로 진실로 너희에게 이르노니 내 말을 듣고 또 나 보내신 이를 믿는 자는 영생을 얻었고 심판에 이르지 아니하나니 사망에서 생명으로 옮겼느니라"(요한복음 5:24)

"하나님이 세상을 이처럼 사랑하사 독생자를 주셨으니 이는 그를 믿는 자마다 멸망하지 않고 영생을 얻게 하려 하심이라 …그를 믿는 자는 심판을 받지 아니하는 것이요 믿지 아니하는 자는 하나님의 독생자의 이름을 믿지 아니하므로 벌써 심판을 받은 것이니라"(요한복음 3:16, 18)

● 하나님과 나는 다시 가까워졌다. 우리 사이의 전쟁은 끝났다.

"그러므로 우리가 믿음으로 의롭다 하심을 받았으니 우리 주 예수 그리스도로 말미암아 하나님과 화평을 누리자"(로마서 5:1)

● 하나님께서는 그 어떤 것도 나를 하나님의 사랑에서 끊을 수 없게 하셨다.

"내가 확신하노니 사망이나 생명이나 천사들이나 권세자들이나 현재 일이나 장래 일이나 능력이나 높음이나 깊음이나 다른 어떤 피조물이라도 우리를 우리 주 그리스도 예수 안에 있는 하나님의 사랑에서 끊을 수 없으리라"(로마서 8:38, 39)

_____ 의 대제사장 사역

 집중 탐구

구약 시대에는 제사를 드릴 수 있는 대제사장이 최고의 영적 리더였다. 대제사장은 1년에 한 번 속죄일에 홀로 지성소에 들어가 속죄소 위에 피를 뿌렸다. 이제는 예수님께서 우리의 대제사장이시다. 예수님은 십자가에서 죽으심으로 완전한 희생 제물이 되셨고, 하나님께 제물을 바치는 대제사장이 되셨다. 그분은 대제사장으로서 영원히 우리의 중보자와 중재자가 되신다.

• 예수님은 우리를 위해 _____ 하시기 위해 사신다.

"그러므로 자기를 힘입어 하나님께 나아가는 자들을 온전히 구원하실 수 있으니 이는 그가 항상 살아 계셔서 그들을 위하여 간구하심이라"(히브리서 7:25)

"나는 세상에 더 있지 아니하오나 그들은 세상에 있사옵고 나는 아버지께로 가옵나니 거룩하신 아버지여 내게 주신 아버지의 이름으로 그들을 보전하사 우리와 같이 그들도 하나가 되게 하옵소서 …내가 비옵는 것은 그들을 세상에서 데려가시기를 위함이 아니요 다만 악에 빠지지 않게 보전하시기를 위함이니이다"(요한복음 17:11, 15)

• 예수님은 우리를 위해 _____ 하시기 위해 사신다.

"나의 자녀들아 내가 이것을 너희에게 씀은 너희로 죄를 범하지 않게 하려 함이라 만일 누가 죄를 범하여도 아버지 앞에서 우리에게 대언자가 있으니 곧 의로우신 예수 그리스도시라 그는 우리 그를 위한 화목 제물이니 우리만 위할 뿐 아니요 온 세상의 죄를 위하심이라"(요한일서 2:1, 2)

● 내가 예수님에게서 멀어지려 할 때에도 예수님은 내게 _____ 하시다.

"미쁘다 이 말이여, 우리가 주와 함께 죽었으면 또한 함께 살 것이요 참으면 또한 함께 왕 노릇할 것이요 우리가 주를 부인하면 주도 우리를 부인하실 것이라 우리는 미쁨이 없을지라도 주는 항상 미쁘시니 자기를 부인하실 수 없으시리라"(디모데후서 2:11~13)

"또 약속하신 이는 미쁘시니 우리가 믿는 도리의 소망을 움직이지 말며 굳게 잡고"(히브리서 10:23)

 집중 탐구

"우리는 불신의 시대에 살고 있다. 약속을 해도 그것이 지켜질 것이라고 확신할 수 없다. 이러한 불신 현상은 개인간에나 국가간에나 모두 만연해 있다. 남편들은 아내들에게 한 서약에 충실하지 않는다. 아내들도 남편들에게 믿음을 주지 못한다. 자녀들은 부모가 가르친 원칙을 지키지 않는다. 부모들은 자녀들의 필요를 채워 주는 일에 책임을 다하지 않는다. 직원들은 고용주와의 계약에 충실하지 않는다. 고용주들은 직원들에 대한 의무와 책임을 이행하려 하지 않는다. 하나님께서는 그리스도인들에게 영원히 신실하시지만, 그리스도인들은 하나님께 신실하지 못하다는 것을 우리는 인정할 수밖에 없다. 우리 중 단 한 사람도 불신실의 죄와 무관하다고 주장할 수 없다.

오직 하나님께서는 항상 신실하시고 모든 약속들을 완전히 지키신다. 우리가 믿는 모든 것은 하나님의 신실하심에 근거하므로, 이 사실은 우리의 믿음에 결정적으로 중요한 역할을 한다. 우리의 영원한 생애가 거기에 달려있다. 세상의 불신실을 보지 않고, 늘 신실하신 사랑의 하나님께로 고개를 들어 그분을 바라보는 것은 우리 신앙을 이끄는 참된 힘이 된다."

― 존 맥아더

_____ 의 인치시는 능력

우리는 7, 8장 '성령'에서, 성령께서 구원의 순간에 우리를 위해 몇 가지 일을 행하신다는 것을 이미 살펴보았다.

● 성령께서 나를 중생시키신다(거듭나게 하신다).
● 성령께서 내게 세례를 주신다.
● 성령께서 하나님의 선물로 내 안에 거하신다.
● 성령께서 나를 인치신다.

> "그 안에서 너희도 진리의 말씀 곧 너희의 구원의 복음을 듣고 그 안에서 또한 믿어 약속의 성령으로 인치심을 받았으니"(에베소서 1:13)

그리스도께서는 이미 2,000년 전에 우리를 하나님과 화목하게 하심으로써 구원을 확실하게 이루셨다. 성령께서는 지금도 여전히 우리 주님이 살아 계셔서 나를 위해 중보하시고, 나의 미래가 영광스러울 것이라는 사실을 보장하신다. 그리고 하나님께서는 나의 구원을 보장하신다. 내가 무슨 짓을 하더라도, 하나님께서 나를 사랑하지 않게 되거나 나와 하신 약속을 지키지 않으시는 일은 일어날 수 없다.

> "내 양은 내 음성을 들으며 나는 그들을 알며 그들은 나를 따르느니라 내가 그들에게 영생을 주노니 영원히 멸망하지 아니할 것이요 또 그들을 내 손에서 빼앗을 자가 없느니라 그들을 주신 내 아버지는 만물보다 크시매 아무도 아버지 손에서 빼앗을 수 없느니라"(요한복음 10:27~29)

구원에 대한 개인적 확신

구원에 대한 의심을 어떻게 해결할 수 있을까?

구원받았는지 확신하지 못할 때, 몇 가지 가능성이 있다.

- 구원받지 않았을 수 있다.
- 하나님께 불순종하고 있을 수 있다. 불순종은 구원의 기쁨을 잃게 하고, 하나님께서 여전히 우리를 사랑하시는지 의심하게 한다.
- 사탄이 의심하도록 시험하고 있을지 모른다. 사탄은 우리가 하나님과 견고한 관계를 쌓는 것을 원하지 않는다.

내가 언제 그리스도인이 되었는지 잘 모르겠다면?

많은 사람들이 어떤 과정 속에서 예수님을 만나게 되지만, 그래도 "사망에서 생명으로" 넘어가는 순간은 분명히 있다. 서서히 살아나는 사람은 아무도 없기 때문이다.
언제 그리스도인이 되었는지 모르겠다면 다음과 같이 '확신을 구하는 기도'를 드리라.

예수님, 저는 전에 구원의 결단을 했습니다. 그러나 그 정확한 때를 기억하지 못해서 제가 받은 구원을 의심하게 되었습니다. 그래서 ○월 ○일, 바로 지금 여기에서 제 생명을 이미 주님께 드렸다는 사실을 제 마음속에 못 박습니다. 저의 죄를 용서해 주신 줄 믿습니다. 그리고 제 죄를 용서하실 수 있는 분은 오직 하나님뿐이심을 믿습니다. 예수님만이 제 삶의 주인, 인도자가 되어 주시기를 간구합니다. 예수님 이름으로 기도합니다. 아멘.

자신이 그리스도인인지 확신하지 못하겠다면, 바로 지금 기도드리라. 예수님께 당신의 죄를 용서해 주시고 당신의 마음속에 들어와 달라고 간구하라.
사탄이 당신을 괴롭히려 하고 당신이 정말로 성도인지 의심하게 하려 할 때, 이 날을 돌아보며 당신이 예수님께 구원자가 되어 달라고 분명히 간구했음을 기억할 수 있다.

내가 범죄하면, 하나님과 나의 관계에는 어떤 변화가 생기는가?

그리스도인이 범죄하면, 하나님과의 교제가 단절되지만 관계는 끊어지지 않는다. 하나님은 우리가 하나님의 아들이신 예수님의 모든 권리와 특권을 가지고 하나님의 자녀로 입양되었다고 말씀하셨다. 하나님은 결코 예수님을 부인하지 않으실 것이며, 따라서 결코 우리를 부인하지 않으실 것이다. 그러나 우리의 삶 속의 죄는 해결되어야 한다. 다음 도표들을 통해 그리스도인이 범죄할 때 어떤 변화가 일어나는지 쉽게 이해할 수 있을 것이다.

구원 전의 죄의 장벽	
하나님 편의 장벽	**사람 편의 장벽**
하나님 1. 하나님의 공의는 죄인들을 심판해야 한다. 2. 하나님의 거룩은 불경건한 자들을 거부해야 한다. 3. 하나님의 완전은 불완전한 자들을 사랑할 수 없다.	1. 인간 자신의 죄에 대한 인식은 형벌에 대한 두려움을 일으킨다. 2. 인간 자신의 거룩하지 않음에 대한 인식은 거절당할 것이라는 두려움을 일으킨다. 3. 인간 자신의 불완전에 대한 인식은 자존감의 상실을 일으킨다.　사람

구원 후, 하나님이 완전히 구속하셨음을 잊을 때 죄의 장벽	
하나님 편의 장벽	**사람 편의 장벽**
하나님 그리스도의 죽음으로 완전히 제거됨.	구원 전에 범죄했을 때 경험한 형벌, 거절, 자존감의 상실을 예상함.　사람

구원 후, 구속의 결과를 온전히 받아들일 때 죄의 장벽	
하나님 편의 장벽	사람 편의 장벽
 하나님 그리스도의 죽음으로 완전히 제거됨.	하나님의 전적인 용서를 깨닫고, 우리가 범죄하여도 더 이상의 형벌, 거절, 낮은 자존감으로 인한 고통이 없음을 깨달음으로써 장벽이 완전히 제거됨.  사람

죄가 그리스도인에게 미치는 영향	
죄가 줄 수 없는 것	죄가 주는 것
1. 하나님의 형벌. 2. 하나님의 분노. 3. 일시적으로라도, 하나님께서 우리와의 만남을 거절하신다. 4. 우리가 하나님께 소중하지 않은 존재가 된다. 5. 하나님께서 주시는 죄책감.	1. 하나님께서 주시는 사랑의 권면과 매. 2. 그리스도인으로서의 삶을 누리지 못하게 하고, 우리에게 해를 끼치고, 결국 불행하게 한다. 3. 세상에서 우리의 영향력을 감소시킨다. 4. 다른 사람들, 특히 우리에게 가장 가까운 사람들의 삶에 해를 입힌다. 5. 천국의 상급을 잃게 된다. 6. 하나님께서 죄를 지적하신다.

출처 : 도표들은 브루스 내러모어와 빌 카운츠의 『Freedom from Guilt』(죄책감으로부터의 자유, Vision House, 1974)에서 발췌되었다.

내가 그리스도인인지 어떻게 알 수 있을까?

오직 하나님만이 개인의 심령을 들여다보실 수 있지만, 우리 자신(남들이 아니라)의 구원을 알아볼 수 있는 몇 가지 증거가 있다고 성경에서 말씀하셨다.

● 하나님께서 하늘에 계신 우리 아버지시라는 _____

  "내 아버지께서 모든 것을 내게 주셨으니 아버지 외에는 아들을 아는 자가 없고 아들과 또 아들의 소원대로 계시를 받는 자 외에는 아버지를 아는 자가 없느니라"(마태복음 11:27)

● _____ 를 새롭게 의지한다.

  "모든 기도와 간구를 하되 항상 성령 안에서 기도하고 이를 위하여 깨어 구하기를 항상 힘쓰며 여러 성도를 위하여 구하라"(에베소서 6:18)

● _____ 을 이해할 수 있는 새로운 능력

  "그러나 진리의 성령이 오시면 그가 너희를 모든 진리 가운데로 인도하시리니 그가 스스로 말하지 않고 오직 들은 것을 말하며 장래 일을 너희에게 알리시리라"(요한복음 16:13)

● _____ 의 심각성을 새롭게 인식

  "모든 사람에게 구원을 주시는 하나님의 은혜가 나타나 우리를 양육하시되 경건하지 않은 것과 이 세상 정욕을 다 버리고 신중함과 의로움과 경건함으로 이 세상에 살고"(디도서 2:11, 12)

● 잃어버린 사람들에 대한 새로운 _____

  "형제들아 내 마음에 원하는 바와 하나님께 구하는 바는 이스라엘을 위함이니 곧 그들로 구원을 받게 함이라"(로마서 10:1)

● _____ 에 대한 새로운 사랑

  "우우리는 형제를 사랑함으로 사망에서 옮겨 생명으로 들어간 줄을 알거니와 사랑하지 아니하는 자는 사망에 머물러 있느니라"(요한일서 3:14)

기억합시다

질문 : 나는 왜 천국에 들어갈 수 있는가?

정답 : 그리스도께서 나를 위해 십자가에서 하신 일을 믿기 때문에.

오답 : 착한 일을 많이 했기 때문에.
　　　하나님을 믿기 때문에.
　　　교회에 다니기 때문에.

당신이 이 질문에 정확하게 대답할 수 있다면, 구원에 대한 의심과 염려는 떨쳐버려도 된다. 당신의 구원이 확실히 보장되었다는 자유 속에서 살라.

"우리가 마음에 뿌림을 받아 악한 양심으로부터 벗어나고 몸을 맑은 물로 씻음을 받았으니 참 마음과 온전한 믿음으로 하나님께 나아가자"(히브리서 10:22)

암송 카드 6번, '구원'을 암송하라.

집중 탐구 | 구원의 보증과 확신에 관한 성경적 관점

성경은 여러 부분에서 우리의 구원이 얼마나 확실한 것인지 이야기하고 있다. 그러나 반면에 우리가 구원받은 후에도 구원을 잃을 수 있다고 말하는 것 같은 부분도 있다. 그 구절들의 의미를 더 면밀히 살펴보자.

"율법 안에서 의롭다 함을 얻으려 하는 너희는 그리스도에게서 끊어지고 은혜에서 떨어진 자로다"(갈라디아서 5:4).

많은 사람들이 "은혜에서 떨어진" 것을 구원을 상실하는 것이라고 여긴다. 이 구절은 신약에서 단 한 번 사용되었다. 사도 바울은 그가 떠난 후 갈라디아 도시에 들어온 소위 유대주의자들에 대항해 자신과 그리스도의 복음을 변호한다. 유대주의자들은 예수를 믿는 믿음뿐 아니라, 율법의 일정 부분들을 지킴으로써 구원을 얻는다고 가르쳤다. 그들의 왜곡된 가르침의 주요 부분은 할례에 관련된 것이었다. 그들은 이방인 성도들이 확실한 구원을 받으려면 할례를 받아야 한다고 믿었다(갈라디아서 5:2). 그리스도의 죽음을 믿는 것은 죗값으로 충분하지 않으며, 사람의 믿음이 행위와 결부되어야만 영생을 얻는다고 가르쳤던 것이다. 또한 그들은 유대인들의 식사 규칙과 특별한 절기들을 준수했다. 바울은 갈라디아의 그리스도인들이 너무나 쉽사리 유대주의자들에게 미혹되는 것을 보고 마음이 아팠다(갈라디아서 1:6, 7). 그러나 그는 그들이 구원을 잃을까 봐 두려워하지 않았다. 다만 그들이 종교 활동에 구속되어 구원의 기쁨을 잃을까 봐 염려했다(갈라디아서 5:1).

그는 구원의 수단으로 할례에 의지하는 것은 시간 낭비라고 경고했다(갈라디아서 5:2, 3). 왜냐하면 그것은 그들이 율법 전체를 다시 지켜야 한다는 것을 의미했기 때문이다. 그리스도와 율법을 결합시키는 것은 불가능했다. 왜냐하면 그 둘은 완전히 달랐기 때문이다. 율법과 은혜는 융화될 수 없다!

그 다음에 바울은 그의 요점을 전달하려고 강한 어조로 말한다. "너희는 그리스도에게서 끊어지고[분리되고, 혹은 폐기되고]"(4절). 율법을 복음에 섞으려 함으로써, 그들은 그들의 죄를 위한 그리스도의 죽음의 필요성을 부정하고 있었다. 만일 율법을 통해 구원을 얻을 수 있다면, 그리스도께서 돌아가실 이유가 없었다. 그 다음에 그는 "너희는 …은혜에서 떨어진 자로다"라고 말한다(4절). 은혜에서 떨어진다는 것은 의롭게 되기 위해 은혜에 의지하지 않고, 행위에 의지하는 것을 말한다. 바울은 그들이 구원을 잃을 것이라고 위협한 것이 아니라, 자유를 잃을 것이라고 경고한 것이다. 그는 하나님의 은혜에서 "떨어지면" 율법 아래서 사는 좌절된 삶으로 곧장 이어진다는 것을 알았다.

"한 번 빛을 받고 하늘의 은사를 맛보고 성령에 참여한 바 되고 하나님의 선한 말씀과 내세의 능력을 맛보고도 타락한 자들은 다시 새롭게 하여 회개하게 할 수 없나니 이는 그들이 하나님의 아들을 다시 십자가에 못 박아 드러내 놓고 욕되게 함이라"(히브리서 6:4~6)

구약을 계속 인용하는 것, 구약이 폐기되었다는 주제로 쓰인 점, 독자들이 유대교로 돌아갈 것을 염려하는 내용으로 보아, 히브리서는 유대인 성도 그룹을 위해 쓰인 편지임에 틀림없다. 이방인 성도들을 우선적인 대상으로 하여 쓰였다면, 이런 주제들에 관심을 갖지 않았을 것이다.

이 유대인 성도들은 기독교에 매력을 잃어 가고 있었던 것이 분명하다. 성경 기자는 형제자매들에게 믿음을 지키라고 설득하기 위해 편지를 썼다. 성도 누구신지 관심을 갖는 사람들에게 할 법한 경고는 아니었다. 그들은 하나님에 대한 믿음을 한때 표현했지만, 이제 기독교를 그들의 생활의 중심에 놓는 것을 포기하려던 사람들이었다.

이 구절은 "하늘의 은사를 맛본" 사람들에 대해 말한다. 맛보았다는 것은 '경험했다' 는 뜻이다. 또한 그들은 성령에 "참예한바" 되었다고 본문에서 말씀한다. 그들이 진정한 그리스도인들이었다는 데는 의심의 여지가 없다. 저자는 그들이 원래의 예배 형태(유대교)를 포함한, 옛날의 생활양식으로 돌아갈까 봐 염려한다. 그들은 조상의 하나님께로 돌아가는 것으로 생각했지만, 사실은 조상의 하나님을 버리려 하고 있었다.

저자는 "회개"라는 단어를 "생각을 바꾸다"의 의미로 사용했다. 이 성도들은 그리스도에 대한 생각을 바꾸었고, 돌이키지 않았던 것으로 보인다. 결국 이 유대인들은 예수님으로부터 등을 돌림으로써, 그리스도를 붙잡아 죽게 한 유대인들에게 동조하는 격이 되었다. 만일 그들이 공개적으로 그리스도에 대해 부인했다면, 외부인들은 한때 믿었던 사람들이 생각을 바꾸고 이전의 종교로 되돌아간 것을 보니 기독교도 별수 없다고 결론을 내렸을 것이다.

그러나 이 경고는 결코 성도의 구원의 안전성을 위협하는 것이 아니다. 오히려, 이것은 구원의 안전성에 대한 증거이다. 메시아의 도래를 기다리던 유대인이 그리스도를 통해 구원을 얻고 난 다음에 그리스도로부터 멀어져도 구원을 잃을 염려가 없다면, 하물며 나머지 우리들이 두려워할 것이 무엇인가?

"우리가 진리를 아는 지식을 받은 후 짐짓 죄를 범한즉 다시 속죄하는 제사가 없고 오직 무서운 마음으로 심판을 기다리는 것과 대적하는 자를 태울 맹렬한 불만 있으리라 모세의 법을 폐한 자도 두세 증인으로 말미암아 불쌍히 여김을 받지 못하고 죽었거든 하물며 하나님의 아들을 짓밟고 자기를 거룩하게 한 언약의 피를 부정한 것으로 여기고 은혜의 성령을 욕되게 하는 자가 당연히 받을 형벌은 얼마나 더 무겁겠느냐 너희는 생각하라 원수 갚는 것이 내게 있으니 내가 갚으리라 하시고 또다시 주께서 그의 백성을 심판하리라 말씀하신 것을 우리가 아노니 살아 계신 하나님의 손에 빠져 들어가는 것이 무서울진저" (히브리서 10:26~31)

만일 이 구절이 뜻하는 바가 고의적인 죄에 의해 구원의 효력이 상실될 수 있다는 내용이라면, 단 한 번의 고의적 죄로도 우리는 구원을 잃을 것이다. 더구나 일단 구원을 잃어버리면 다시 속죄하는 제사가 없기 때문에 구원을 영원히 잃게 되는 것이다.

그러나 히브리서 저자는 구원을 잃는다고 말하는 것이 아니다. 본문의 문맥이나 세부 사항들을 살펴보면 그것이 적절한 해석이 아님을 알 수 있다.

그는 유대인 독자들에게 그리스도에 대한 고의적 불순종의 결과를 경고하고 있다. 유대인들은 더 이상 장차 메시아가 오실 것이라는 핑계로 그들의 죄를 정당화할 수 없게 되었다. 그분은 이미 오셨다. 그들이 다음 번에 메시아를 만나게 될 때는, 그분이 심판자로 일어서셔서 신약을 근거로 판결을 언도하실 때일 것이다. 자기만을 위해서 살고 하나님의 일은 뒷전이었던 성도들에게는 그때가 "살아 계신 하나님의 손에 빠져 들어가는 것이 무서울진저"라는 경험이 될 것이다.

"이기는 자는 이와 같이 흰 옷을 입을 것이요 내가 그 이름을 생명책에서 결코 지우지 아니하고…"(요한계시록 3:5)

이것은 요한이 사데교회의 신실한 몇몇 성도들에게 쓴 편지다. 대부분의 사데 교인들과는 달리, 이 몇 명의 성도들은 세상에 오염되지 않았다. 그리스도께서 그들의 변함없는 신앙을 칭찬하셨다.

사도 요한은 요한계시록에서 "생명책"이라는 단어를 다섯 번 언급한다. 그 중 다음 두 구절로 미루어 보아, 그는 생명책에 한 번 기록된 이름은 지워질 수 없다고 믿고 있었음을 알 수 있다.

> "죽임을 당한 어린양의 생명책에 창세 이후로 이름이 기록되지 못하고 이 땅에 사는 자들은 다 그 짐승에게 경배하리라"(요한계시록 13:8)

> "…창세 이후로 그 이름이 생명책에 기록되지 못한 자들…"(요한계시록 17:8)

요한계시록 17장 8절에 나오는 "세"(世, world)라는 단어는 우주 전체를 의미한다(요한복음 1:3; 사도행전 17:24 참조). 그는 최초의 사람이 태어나기도 전부터 모든 사람이 생명책에 기록되어 있었음을 지적한다. 만약 그의 지적이 사실이라면 누가 생명책에 기록되고 누가 기록되지 않을지 하나님은 미리 알고 계셨다는 뜻이 될 것이다. 하나님께서는 그리스도께서 인간을 대신해 죽게 될 것을 이미 아시고, 이 복음을 받아들일 사람들의 이름들을 미리 기록하셨다. 우리가 그 어떤 행동도 하기 전에 기록하신 것이다. 우리가 어떻게 할지 하나님은 이미 아시고 생명책에 기록하셨다. 그것은 우리의 행동과 무관했다. 말하자면 우리가 무엇을 할지 이미 알고 기록하신 것이다.

이 시점의 구분은 매우 중요하다. 만일 하나님께서 우리가 하는 행동을 판단해 보신 후에 이름을 기록하셨다면, 마찬가지로 행동을 지켜보다가 지우기도 하신다고 주장할 수 있다. 그러나 하나님께서 우리를 미리 알고 이름을 기록하셨다면, 창세 전에 이미 생명책의 기록은 완전히 끝난 것이다. 아무도 자신의 이름이 생명책에서 지워지지 않을까 두려워하며 살 필요가 없다. 하나님의 연필에는 지우개가 없다! 당신이 태어나기도 전에, 하나님께서는 당신이 복음에 어떻게 반응할지 아셨다. 그리고 당신의 이름을 생명책에 기록하셨다. 그것은 영원히 지워지지 않을 것이다.[2]

---

2) 찰스 스탠리, 『영원한 구원』(두란노 역간)에서 재인용.

Q 토의

1. 사람들이 구원의 확신을 갖지 못하는 세 가지 이유를 복습해 보라. 그 중 가장 많은 사람들이 붙잡고 씨름하는 이유는 무엇이라고 생각하는가? 당신도 이 이유 중 하나를 가지고 씨름한 적이 있는가?

2. 구원에 대한 확신을 갖기 위해, 하나님의 신실하심을 바라보는 것과 내 감정, 내 상황을 바라보는 것의 차이는 무엇인가?

3. 어떤 사람이 "나는 오랫동안 교회를 다녔고 기도하고 성경을 읽어 왔지만, 최근에 내가 그리스도인이 아니라고 느끼게 되었어요"라고 말한다면, 당신은 그 사람에게 무슨 말을 해 주겠는가?

4. 구원이 영원하다면, 우리는 무엇을 위해 신앙 생활을 해야 할까? 당신에게는 다음 세 가지 중 무엇이 가장 중요하게 느껴지는가?

• 은혜

"너희가 그 은혜를 인하여 믿음으로 말미암아 구원을 얻었나니 이것이 너희에게서 난 것이 아니요 하나님의 선물이라 행위에서 난 것이 아니니 이는 누구든지 자랑치 못하게 함이니라 우리는 그의 만드신 바라 그리스도 예수 안에서 선한 일을 위하여 지으심을 받은 자니 이 일은 하나님이 전에 예비하사 우리로 그 가운데서 행하게 하려 하심이니라"(에베소서 2:8~10)

• 영원한 상급

"무슨 일을 하든지 마음을 다하여 주께 하듯 하고 사람에게 하듯 하지 말라"(골로새서 3:23)

● 하나님을 기쁘시게 함

"그런즉 우리는 거하든지 떠나든지 주를 기쁘시게 하는 자 되기를 힘쓰노라"(고린도 후서 5:9)

참고 도서 │ 빌리 그레이엄, 『진정 나는 거듭났는가』(예찬사 역간)
맥스 루케이도, 『은혜가 내 안으로 들어오다』(규장 역간)
R. C. 스프롤, 『오직 믿음으로』(생명의말씀사 역간)
찰스 스탠리, 『영원한 구원』(두란노 역간)
찰스 R. 스윈돌, 『은혜의 각성』(죠이선교회 역간)

A 빈 칸에 알맞은 단어

시각	성령
정확성	지식
죄	기도
하나님 아버지	성경
예수님	죄
중보	사랑
중재	다른 성도들
신실	

밭 갈기	● 예수님의 사랑으로 당신이 거룩해졌음을 확신한다. ● 말씀을 배워 기초를 쌓음으로써, 그리스도 안에서 평생 성장하는 삶을 살게 된다.

성도인 우리에게 일어난 변화는,

　칭의
　　영원히 무죄로 선언되었다(로마서 5:1; 갈라디아서 2:16).

　성화
　　구별되어 단번에 영원히 거룩해졌다(고린도전서 6:11).
　　그리스도의 형상으로 성장한다(데살로니가전서 5:23).

　영화
　　하나님과 영원히 함께하도록 결정되었다(로마서 8:30).

지난 두 시간에 걸쳐 우리는 '칭의'의 의미를 공부했다. 이번 장에서는 '성화' 된다는 것이 무엇을 의미하는지 살펴볼 것이다.

성화는 "＿＿＿＿＿＿"을 의미한다.

구약에서 하나님의 영광과 사역을 위해 '구별' 되어야 했던 것들은 예배를 위한 장소와 물건인 경우가 많았다.

거룩한 제사장들(출애굽기 28:41)
거룩한 옷들(출애굽기 29:21)
거룩한 제단(출애굽기 30:10)

성화 I

거룩한 땅(레위기 27:21)

신약에서는 모든 하나님의 백성들이 하나님의 영광과 사역을 위해 '구별' 되었다.

> "그러므로 누구든지 이런 것에서 자기를 깨끗하게 하면 귀히 쓰는 그릇이 되어 거룩하고 주인의 쓰심에 합당하며 모든 선한 일에 준비함이 되리라"(디모데후서 2:21)

성화(sanctification)는 성도(saint)와 같은 어원에서 유래한다. 성경에서 모든 신자들은 성도라 불린다.

나는 성도가 되기 위해 성장하는 것이 아니다. 나는 _____하는 성도다(베드로후서 3:18; 고린도후서 10:15).

성화의 교리는 성도들의 성장의 기초가 된다. 우리는 영적으로 성장하기 위해 이 교리를 이해해야만 한다. 성화의 교리를 이해하지 못하면, 당신은 다음의 두 가지 덫에 쉽게 걸리게 될 것이다.

- 자신의 노력에 근거하여 그리스도 안에서 성장하려 함(율법주의).
- 어떻게 살든 하나님의 은혜가 자신을 성장시킬 것이라고 생각함(방종).

영적 성장에 도움이 되는 것은 수백 가지겠지만, 이 모든 것은 믿음을 바탕으로 한다. 그리스도인으로 성장하려면, 자신을 믿음의 눈으로 보는 것, 즉 하나님께서 당신을 보시는 방식으로 당신 자신을 보는 법을 배워야 한다. 우리는 성화를 위한 다섯 가지 요소를 배우게 될 텐데, 그것들은 오직 믿음으로만 얻을 수 있는 것들이다.

이번 장에서는 우리의 믿음을 요하는 두 가지 요소를 살펴볼 것이다.

1. 성화의 두 가지 관점
2. 그리스도인의 두 가지 본질

다음 장에서는 믿음을 요하는 세 가지 요소를 더 살펴볼 것이다.
3. 율법을 이기는 은혜의 능력
4. 영적 성장
5. 나를 통해 하나님의 일을 이루시겠다는 약속

성화의 두 가지 관점

성화는 두 가지 의미를 가지고 있다.
거룩하게 되어진 ＿＿＿＿＿＿＿
거룩해지는 ＿＿＿＿＿＿＿

1. 성화는 단번에 완전하게 이루어진다.
   "이 뜻을 따라 예수 그리스도의 몸을 단번에 드리심으로 말미암아 우리가 거룩함을 얻었노라"(히브리서 10:10)

   "너희는 하나님으로부터 나서 그리스도 예수 안에 있고 예수는 하나님으로부터 나와서 우리에게 지혜와 의로움과 거룩함과 구원함이 되셨으니"(고린도전서 1:30)

2. 성화는 지속적이고 점진적으로 이루어진다.
   "갓난아기들같이 순전하고 신령한 젖을 사모하라 이는 그로 말미암아 너희로 구원에 이르도록 자라게 하려 함이라"(베드로전서 2:2)

   "모든 사람과 더불어 화평함과 거룩함을 따르라 이것이 없이는 아무도 주를 보지 못하리라"(히브리서 12:14)

"오직 우리 주 곧 구주 예수 그리스도의 은혜와 그를 아는 지식에서 자라 가라"(베드로후서 3:18)

이 두 가지는 다음 한 구절로 요약된다.

"그가 거룩하게 된 자들을 한 번의 제사로 영원히 온전하게 하셨느니라"
(히브리서 10:14)

이 두 가지 관점에 따른 믿음을 표현할 수 있는 정확한 문장은 이것이다. "나는 성화되었으며, 성화되고 있는 사람이다."
성화는 구원의 순간에 완성되었다(고린도전서 6:11; 고린도후서 5:17).

그리스도인의 두 가지 본질

당신은 _____ 본질과 _____ 본질을 가지고 있다.

> **집중 탐구** | **옛 본질과 새 본질**
>
> 옛 본질은 성경에서 "육"이라고 부르는 것으로, 죄를 향한 욕망과 성향이다. 그것은 죄를 짓고 싶은 유혹을 받는 것과 다른 것이다. 반드시 유혹에 끌려갈 수밖에 없는 성향이다. 성도가 되기 전에는 당신의 옛 본질이 본질의 전부였다. 우리 모두는 에덴동산에서 일어난 인간의 타락 때문에 이 옛 본질, 곧 범죄하는 성향을 타고났다.
> 그리고 당신이 그리스도께 생명을 위탁한 순간, 새 사람, 새 본질이 당신에게 입혀졌다. 새 본질은 새 생명, 그리고 삶을 살아가는 새 능력으로서, 예수님이 죽음과 부활을 통해 당신의 구원을 이루셨음을 믿었기 때문에 당신에게 주어졌다.

> 영적 성장을 위해 가장 중요한 것은 옛 본질과 새 본질 사이에서 하나님을 신뢰하는 법을 배우는 것이다.

● 새 본질에 대한 믿음의 표현은 당신 자신을 _____ 으로 보는 것이다.

"그런즉 누구든지 그리스도 안에 있으면 새로운 피조물이라 이전 것은 지나갔으니 보라 새 것이 되었도다"(고린도후서 5:17)

1. 나는 "_____" 있었다.

우리는 아담의 후손이므로 모두 죄 속에서 출생했다. 우리가 범죄하는 것은 그것이 우리의 본능이기 때문이다. 성경은 우리의 이런 상태가 아담 안에 있기 때문이라고 말하는데, 이것은 심판과 사망 아래 있다는 것을 의미한다.

"아담 안에서 모든 사람이 죽은 것같이…"(고린도전서 15:22)

2. 이제 나는 "_____" 있다.

영적 생명은 영적 탄생을 통해서만 얻어진다(요한복음 3:6). 우리가 거듭나는 순간, 우리의 영혼이 그리스도를 통해 하나님과 연합된다. 이제 우리는 그리스도 안에 있다.

"찬송하리로다 하나님 곧 우리 주 예수 그리스도의 아버지께서 그리스도 안에서 하늘에 속한 모든 신령한 복을 우리에게 주시되 곧 창세 전에 그리스도 안에서 우리를 택하사 우리로 사랑 안에서 그 앞에 거룩하고 흠이 없게 하시려고"(에베소서 1:3, 4)

세상에는 두 부류의 사람만이 존재한다. 아담 안에 있는 사람들과 그리스도 안에 있는 사람들. 만일 그리스도께서 당신 안에 계시다면, 당신은 그리스도 안에 있는 것이다. 바로 여기에서 생명의 교환이 일어난다. 당신은 예수님께 당신의 생명을 바치고, 예수님께서는 그분의 생명을 주신다.

새 사람은 누구인가?

- 나는 세상의 빛이다(마태복음 5:14).
- 나는 하나님의 자녀다(요한복음 1:12).
- 나는 그리스도의 친구다(요한복음 15:15).
- 나는 열매를 맺도록 그리스도께 택함받고 세워졌다(요한복음 15:16).
- 나는 의(義)의 종이다(로마서 6:18).
- 나는 그리스도와 공동 상속자다(로마서 8:17).
- 나는 하나님의 성전, 하나님께서 거하시는 처소다(고린도전서 3:16; 6:19).
- 나는 그리스도의 몸의 지체다(고린도전서 12:27; 에베소서 5:30).
- 나는 새로운 피조물이다(고린도후서 5:17).
- 나는 하나님과 화목되었으며 화목하게 하는 사역자다(고린도후서 5:18, 19).
- 나는 성도다(에베소서 1:1; 고린도후서 1:1, 2).
- 나는 하나님이 만드신 피조물이다(에베소서 2:10).
- 나는 천국 시민이다(빌립보서 3:20; 에베소서 2:6).
- 나는 의롭고 거룩하다(에베소서 4:24).
- 나는 그리스도와 함께 하나님 안에 감추어져 있었다(골로새서 3:3).

- 나는 하나님께 택함받았고 하나님의 사랑을 받는다(골로새서 3:12).
- 나는 어두움이 아닌 빛의 아들/딸이다(데살로니가전서 5:5).
- 나는 마귀의 대적이다(베드로전서 5:8).
- 나는 세상을 이긴다(요한일서 5:4).
- 나는 거듭났다(베드로전서 1:23).
- 나는 그리스도와 함께 살아 있다(에베소서 2:5).
- 나는 모든 일에 넉넉히 이긴다(로마서 8:37).
- 나는 하나님의 의(義)다(고린도후서 5:21).
- 나는 하나님께로서 나서 악한 자가 나를 만지지도 못한다(요한일서 5:18).
- 나는 그리스도께서 돌아오실 때 그와 같이 될 것이다(요한일서 3:1, 2).

 기억합시다

새로운 삶으로 이끄는 말씀들

1. 당신의 새 생명을 _____ 할 필요가 없다.
   새 생명은 하나님의 창조물이다.

   "새 사람을 입었으니 이는 자기를 창조하신 이의 형상을 따라 지식에까지 새롭게 하심을 받은 자니라"(골로새서 3:10)

2. 당신의 새 생명을 _____ 위해 노력할 필요가 없다.
   당신의 새 생명은 그리스도와 함께 하나님 안에 감추어져 있다.

   "이는 너희가 죽었고 너희 생명이 그리스도와 함께 하나님 안에 감추어졌음이라"(골로새서 3:3)

● 당신의 옛 본질에 대한 믿음의 표현은 당신 자신을 죄에 대해
_____ 것으로 보는 것이다.

> "그러므로 우리가 그의 죽으심과 합하여 세례를 받음으로 그와 함께 장
> 사되었나니 이는 아버지의 영광으로 말미암아 그리스도를 죽은 자 가운
> 데서 살리심과 같이 우리로 또한 새 생명 가운데서 행하게 하려 함이라"
> (로마서 6:4)

지난 수세기 동안 가장 활발한 논란이 되었던 교리 중 하나는 옛 자
아가 죽었다는 성경 말씀이 무엇을 의미하는가 하는 것이었다. 어떤 사
람들은 옛 본질이 사라져버렸다는 의미라고 주장했지만, 우리가 삶에
서 경험하는 것으로 볼 때, 그것은 아닌 것이 분명하다. 또 어떤 사
람들은 옛 본질을 거부하는 자기 훈련의 문제라고 주장한다. 그러나 훈
련만으로는 우리 자신을 변화시키기에 충분하지 않다.
성경에서는 죄악 된 우리의 옛 본질이 죽었다고 말씀하는데, 그 말씀
을 믿음으로 받으려면 어떻게 해야 할까?

> "너희는 유혹의 욕심을 따라 썩어져 가는 구습을 따르는 옛 사람을 벗어
> 버리고"(에베소서 4:22)

어떻게 해야 옛 사람을 '벗을' 수 있을까?

● _____ 하는 것으로 안 된다.

● 인간의 _____ 으로 안 된다.

● 하나님께서 _____ 에 대한 믿음으로.

"만일 우리가 그리스도와 함께 죽었으면 또한 그와 함께 살 줄을 믿노니"
(로마서 6:8)

 집중 탐구 | **이것을 놓치지 말라!**

죽었다는 것은 무슨 의미인가? (이것은 더 이상 존재하지 않는다
거나 당신의 삶에 영향을 미치지 않는다는 의미는 아니다.)

그 의미는 다음과 같다.
우리로 하여금 강제로 죄짓게 하는 능력이 없다 : 당신에게 선택
권이 있다.
우리는 더 이상 죄를 즐기지 않는다 : 당신은 변화되었다.

● 당신은 새 사람을 입었으므로, 악을 이길 수 있는 새로운 능력을 얻
었음을 믿으라.

구원 전에, 나는 _____ 에게 속했다.

"너희는 너희 아비 마귀에게서 났으니 너희 아비의 욕심대로 너희도 행
하고자 하느니라…"(요한복음 8:44)

구원 후에, 나는 _____ 께 속한다.

"너희도 그들 중에서 예수 그리스도의 것으로 부르심을 받은 자니라"(로
마서 1:6)

내가 하나님께 속하기 때문에, 사탄은 나를 통제할 힘이 없다.

"근신하라 깨어라 너희 대적 마귀가 우는 사자같이 두루 다니며 삼킬 자를 찾나니 너희는 믿음을 굳건하게 하여 그를 대적하라…"(베드로전서 5:8, 9)

하나님께서는 우리의 성장을 운에 맡기지 않으셨다. 성화에는 예수 그리스도의 죽음과 부활 외에 다른 길이 없다. 이것은 두 가지를 의미한다.

첫째로, 예수님께서 십자가에서 못 박히신 능력 때문에 당신은 더 이상 옛 본질에 통제당할 필요가 없다.

"내가 그리스도와 함께 십자가에 못 박혔나니 그런즉 이제는 내가 사는 것이 아니요 오직 내 안에 그리스도께서 사시는 것이라 이제 내가 육체 가운데 사는 것은 나를 사랑하사 나를 위하여 자기 자신을 버리신 하나님의 아들을 믿는 믿음 안에서 사는 것이라"(갈라디아서 2:20)

둘째로, 예수님의 부활의 능력 때문에 당신은 새 본질을 가졌다.

"이와 같이 너희도 너희 자신을 죄에 대하여는 죽은 자요 그리스도 예수 안에서 하나님께 대하여는 살아 있는 자로 여길지어다 그러므로 너희는 죄가 너희 죽을 몸을 지배하지 못하게 하여 몸의 사욕에 순종하지 말고 또한 너희 지체를 불의의 무기로 죄에게 내주지 말고 오직 너희 자신을 죽은 자 가운데서 다시 살아난 자같이 하나님께 드리며 너희 지체를 의의 무기로 하나님께 드리라"(로마서 6:11~13)

암송 카드 7번, '성화'를 암송하라.

Q 　토의

1. 정말로 자신이 완전히 거룩하다고 느끼는 그리스도인이 있을까? 당신의 일생에서 당신 자신이 가장 거룩하게 느껴졌던 시간과 장소를 기억할 수 있는가?

2. 그리스도 안에서 성장하기 원한다면, 어떤 마음 자세를 가져야겠는가? 피해야 할 자세로는 무엇이 있을까?

3. 주님을 영접함으로 인해 당신의 삶은 어떻게 바뀌었는가? 그리스도인으로서 새롭게 즐기게 된 습관은 무엇인가?

4. 죄와 싸우다가 좌절한 적이 있는가? 개인의 의지로 싸우는 것과 하나님 안에서 믿음으로 싸우는 것의 차이는 무엇일까?

5. 누군가 아래와 같은 질문을 당신에게 한다면, 오늘 배운 내용을 가지고 어떻게 답해 줄 수 있을까?
   - 때때로 나의 행동을 보면 내가 그리스도인인지 확신할 수 없다.
   - 나는 그리스도인이 되었는데도 왜 똑같은 죄들을 반복하는가?

A 빈 칸에 알맞은 단어

구별됨	쟁취
성장	지키기
완료된 행위	죽은
매일의 과정	무시
옛, 새	노력
새 사람	하신 일
아담 안에	사탄
그리스도 안에	하나님

14장 성화 II

> **밭 갈기**
>
> 당신의 성장에 대해 율법보다 은혜, 당신의 계획보다 하나님께서 이끄시는 과정, 당신의 의지보다 하나님의 약속을 신뢰하기로 결정한다.

지난 장에서 우리는 성화가 "구별"을 의미한다고 배웠다(성도도 같은 어원에서 유래한다).

구약에서 하나님의 영광과 사역을 위해 "구별"되어야 했던 것들은 예배를 위한 장소와 물건들인 경우가 가장 많았다.

거룩한 제사장들(출애굽기 28:41)
거룩한 옷들(출애굽기 29:21)
거룩한 제단(출애굽기 30:10)
거룩한 땅(레위기 27:21)

신약에서는 모든 하나님의 백성들이 하나님의 영광과 사용을 위해 "구별"되었다.

> "그러므로 누구든지 이런 것에서 자기를 깨끗하게 하면 귀히 쓰는 그릇이 되어 거룩하고 주인의 쓰심에 합당하며 모든 선한 일에 준비함이 되리라"(디모데후서 2:21)

그리고 우리는 우리의 성화에 대하여 하나님을 의지하는 다섯 가지 방법 중 두 가지를 먼저 살펴보았다.
1. 성화의 두 가지 관점
2. 그리스도인의 두 가지 본질

우리는 스스로 성장할 수 없다. 그것은 하나님이 하시는 일이다. 그러나 하나님께서 우리를 성장시키시는 과정에 적극적으로 협조할 수는 있다. 이번 장에서는 하나님께서 우리를 성장시키시는 방법 세 가지를 더 살펴볼 것이다.

_____ 보다 강력한 _____ 의 능력

우리가 믿음과 은혜로 의롭다 함을 받듯이, 믿음과 은혜로 성화된다.

> "너희가 이같이 어리석으냐 성령으로 시작하였다가 이제는 육체로 마치겠느냐"(갈라디아서 3:3)

> "그러므로 너희가 그리스도 예수를 주로 받았으니 그 안에서 행하되"(골로새서 2:6)

• 당신은 믿음으로 "나는 율법으로부터 _____"고 말할 수 있다.

율법은 죽지 않았다. 율법은 우리의 옛 본질처럼 "악"하지도 않다. 단지 우리에게 구원을 줄 수 없을 뿐이다. 율법은 우리의 죄를 보여 주지만, 우리를 하나님 앞에서 의롭게 만들지는 못한다.

> "이는 그리스도 예수 안에 있는 생명의 성령의 법이 죄와 사망의 법에서 너를 해방하였음이라"(로마서 8:2)

> "영광되었던 것이 더 큰 영광으로 말미암아 이에 영광될 것이 없으나"(고린도후서 3:10)

• 당신은 믿음으로 "나는 _____ 을 모신다"고 말할 수 있다.

> "죄로부터 해방되어 의에게 종이 되었느니라"(로마서 6:18)

"이제는 우리가 얽매였던 것에 대하여 죽었으므로 율법에서 벗어났으니 이러므로 우리가 영의 새로운 것으로 섬길 것이요 율법 조문의 묵은 것으로 아니할지니라"(로마서 7:6)

성장을 위한 _____

● 당신의 마음을 _____ 해 달라고 하나님께 믿음으로 간구하라.

"너희는 유혹의 욕심을 따라 썩어져 가는 구습을 따르는 옛 사람을 벗어버리고 오직 너희의 심령이 새롭게 되어 하나님을 따라 의와 진리의 거룩함으로 지으심을 받은 새 사람을 입으라"(에베소서 4:22~24)

지난 장에서 우리는 옛 것을 벗어버리고 새 것을 입는 것에 대해 이야기했다. 새 것을 입는 과정에서 우리의 마음을 새롭게 하는 것을 잊지 말자. 내면의 갱신이야말로 외적 변혁의 열쇠다.

"너희는 이 세대를 본받지 말고 오직 마음을 새롭게 함으로 변화를 받아 하나님의 선하시고 기뻐하시고 온전하신 뜻이 무엇인지 분별하도록 하라"(로마서 12:2)

"그러므로 우리가 낙심하지 아니하노니 겉 사람은 낡아지나 우리의 속사람은 날로 새로워지도다"(고린도후서 4:16)

에베소서 4장 25~32절에서는 이 내적 갱신이 하나님의 선하신 뜻을 아는 것에서 시작된다고 말씀한다. 아래와 같이 마음이 새롭게 되면 하나님의 관점에서 세상을 볼 수 있게 된다. 그리고 그것이 이 교재의 핵심이기도 하다.

옛 사람을 버리기 위해	새 사람을 입기 위해	마음을 새롭게 하기 위해
거짓을 버리고	그 이웃으로 더불어 참된 것을 말하라	우리가 서로 지체가 됨이니라
분을 내어도 죄를 짓지 말며	해가 지도록 분을 품지 말고	마귀로 틈을 타지 못하게 하라
도적질하는 자는 다시 도적질하지 말고	일을 하라	빈궁한 자에게 구제할 것이 있기 위하여
무릇 더러운 말은 너희 입 밖에도 내지 말고	오직 덕을 세우는 데 소용되는 대로	하나님의 성령을 근심하게 하지 말라
모든 악독과 노함과 분냄과 떠드는 것과 훼방하는 것을 모든 악의와 함께 버리고	서로 인자하게 하며 불쌍히 여기며 서로 용서하기를	하나님이 그리스도 안에서 너희를 용서하심과 같이 하라

● 믿음으로 성장의 _____ 을 하라.

"…오직 경건에 이르기를 연습하라"(디모데전서 4:7)

 집중 탐구

하나님께서 우리를 성화시키기 위해 사용하시는 세 가지 훈련은 다음과 같다.

1. 말씀과 기도가 있는 매일의 경건의 시간

"예수께서 대답하여 가라사대 기록되었으되 사람이 떡으로만 살 것이 아니요 하나님의 입으로 나오는 모든 말씀으로 살 것이라 하였느니라 하시니"(마태복음 4:4)

"저희를 진리로 거룩하게 하옵소서 아버지의 말씀은 진리니이다"

(요한복음 17:17)

2. 십일조

"만군의 여호와가 이르노라 너희의 온전한 십일조를 창고에 들여 나의 집에 양식이 있게 하고 그것으로 나를 시험하여 내가 하늘 문을 열고 너희에게 복을 쌓을 곳이 없도록 붓지 아니하나 보라"

(말라기 3:10)

"우리의 바라던 것뿐 아니라 저희가 먼저 자신을 주께 드리고 또 하나님 뜻을 좇아 우리에게 주었도다"(고린도후서 8:5)

3. 소그룹 활동

"그러므로 이제부터 너희가 외인도 아니요 손도 아니요 오직 성도들과 동일한 시민이요 하나님의 권속이라"(에베소서 2:19)

● 삶의 _____ 속에서 하나님을 신뢰할 것을 믿음으로 선택하라.

우리의 선택 역시 성장에 필요한 요소 중 하나다. 어려움과 시련을 만났을 때 우리가 내리게 되는 선택은 우리를 성장으로 이끄는 걸음이 된다.

"내 형제들아 너희가 여러 가지 시험을 당하거든 온전히 기쁘게 여기라 이는 너희 믿음의 시련이 인내를 만들어내는 줄 너희가 앎이라 인내를 온전히 이루라 이는 너희로 온전하고 구비하여 조금도 부족함이 없게 하려 함이라"(야고보서 1:2~4)

"다만 이뿐 아니라 우리가 환난 중에도 즐거워하나니 이는 환난은 인내를, 인내는 연단을, 연단은 소망을 이루는 줄 앎이로다 소망이 우리를 부끄럽게 하지 아니함은 우리에게 주신 성령으로 말미암아 하나님의 사랑이 우리 마음에 부은 바 됨이니"(로마서 5:3~5)

"그가 아들이시면서도 받으신 고난으로 순종함을 배워서"(히브리서 5:8)

_____을 이루시겠다는 약속

하나님은 당신을 향해 어떤 목적을 가지고 계시는가?
바로 그리스도를 닮아 가는 것이다.

"우리가 알거니와 하나님을 사랑하는 자 곧 그의 뜻대로 부르심을 입은
자들에게는 모든 것이 합력하여 선을 이루느니라 하나님이 미리 아신 자
들을 또한 그 아들의 형상을 본받게 하기 위하여 미리 정하셨으니 이는
그로 많은 형제 중에서 맏아들이 되게 하려 하심이니라"(로마서 8:28, 29)

"…그가 나타나시면 우리가 그와 같을 줄을 아는 것은 그의 참모습 그대
로 볼 것이기 때문이니"(요한일서 3:2)

"우리가 다 하나님의 아들을 믿는 것과 아는 일에 하나가 되어 온전한
사람을 이루어 그리스도의 장성한 분량이 충만한 데까지 이르리니"(에베
소서 4:13)

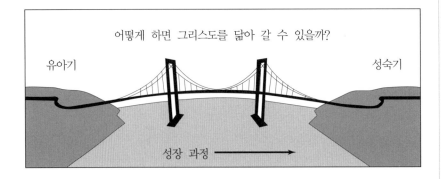

• 당신의 삶에서 하나님의 일을 이루실 그분의 능력을 신뢰하라.

당신은 혼자가 아니다. 당신의 성장을 위해 하나님께서 일하고 계신다.
당신을 예수님 닮은 성도로 만들기 위해 하나님께서 일하고 계신다.

하나님께서는 당신의 성장에 _____ 하신다.

"또 그들을 위하여 내가 나를 거룩하게 하오니 이는 그들도 진리로 거룩함을 얻게 하려 함이니이다"(요한복음 17:19)

"곧 창세 전에 그리스도 안에서 우리를 택하사 우리로 사랑 안에서 그 앞에 거룩하고 흠이 없게 하시려고"(에베소서 1:4)

누구의 능력으로 성화되는가?
하나님께서는 우리가 성화되기를 _____ 그것이 이루어지도록 _____ 계신다.

"너희 안에서 착한 일을 시작하신 이가 그리스도 예수의 날까지 이루실 줄을 우리는 확신하노라"(빌립보서 1:6)

기억합시다

성장은 _____ 이 아니라, 하나님을 _____함으로 성취된다.

믿음이란, 하나님께서 내 안에서 하시는 일을 밖으로 이루어내는 것.

"…항상 복종하여 두렵고 떨림으로 너희 구원을 이루라 너희 안에서 행하시는 이는 하나님이시니 자기의 기쁘신 뜻을 위하여 너희로 소원을 두고 행하게 하시나니"(빌립보서 2:12, 13)

"능히 너희를 보호하사 거침이 없게 하시고 너희로 그 영광 앞에 흠이 없이 즐거움으로 서게 하실 자 곧 우리 구주 홀로 하나이신 하나님께 우리 주 예수 그리스도로 말미암아 영광과 위엄과 권력과 권세가 만고 전부터 이제와 세세에 있을찌어다 아멘"

(유다서 1:24, 25)

성화 II

암송 카드 7번, '성화'를 암송하라.

Q 토의

1. 많은 사람들이 율법이나 규칙을 기준으로 영적 성장을 측정하는 이유는 무엇일까?

2. 우리의 마음을 새롭게 하기 위해 실천할 수 있는 세 가지는 무엇인가?

3. 성장을 위한 어떤 훈련 방법을 하나님께서 당신의 삶 속에서 가장 자주, 혹은 가장 효과적으로 사용하고 계신가?

4. 그리스도를 완전히 닮는다는 목표는 어떤 사람도 이 땅에서 실현할 수 없을 것이다. 천국에 가기 전까지 결코 도달하지 못할 이 목표를 향해 달려갈 때, 당신이 낙심하지 않도록 돕는 실제적이고 개인적인 방법들로는 어떤 것이 있는가?

참고 도서 제리 브릿지즈, 『경건에 이르는 연습』(네비게이토 역간)
헨리 클라우드·존 타운센드, 『NO!라고 말할 줄 아는 그리스도인의 성장 프로젝트』(좋은씨앗 역간)
멜빈 E. 디이터, 『성화에 대한 다섯 가지 견해』(IVP 역간)
리처드 포스터, 『영적 훈련과 성장』(생명의말씀사 역간)
월터 A. 헨릭슨, 『훈련으로 되는 제자』(네비게이토 역간)
헨리 나우웬, 『영적 발돋움』(두란노 역간)
달라스 윌라드, 『영성훈련:한 세대를 선도하는 책』(은성 역간)

58 ● 목적이 이끄는 기독교 기본 교리(하)

빈 칸에 알맞은 단어

율법, 은혜	환경들
자유롭다	하나님의 일
새 주인	전념
매일의 과정	원하시고, 일하고
새롭게	노력, 신뢰함
훈련	

15장 선과 악 I

> **밭 갈기**
>
> 우리는 말씀을 통해 우리가 악한 세상 속에 살고 있다는 사실을 깨닫게 된다.

다음 두 장을 통해 우리는 오늘날 이 세상에 선과 악이 공존한다는 사실에 대해 성경이 무엇이라고 말씀하는지 살펴볼 것이다. 이러한 하나님의 관점을 이해하고 나면, 우리가 가지고 있던 다음과 같은 궁금증들이 풀릴 것이다.

- 왜 하나님은 전쟁이나 어린이들의 죽음과 같은 가슴 아픈 상황을 그냥 두고 보시는가?
- 만일 하나님께서 전능하시고 사랑이시라면, 왜 악을 없애지 않으시는가?
- 왜 착한 사람들이 안 좋은 일들을 당하게 되는가?
- 세상에서 일어나고 있는 일들을 보면서 도대체 소망을 가질 수 있는가?
- 이 악한 세상이 끝나기는 할 것인가? 언제?

첫 번째로, 우리는 거시적인 관점에서 선과 악의 문제를 살펴볼 것이다. 왜 이 세상에 선과 악이 존재하는가?
두 번째로, 우리는 개인적인 관점에서 선과 악의 문제를 살펴볼 것이다. 내 개인의 삶의 전투에서 어떻게 악을 이길 것인가?

왜 하나님이 지으신 이 세계에 악이 존재하는가?

세 가지 사실

1. 하나님은 선하시다.

하나님의 _____ 은 선하시다.

"여호와는 선하시니 그의 인자하심이 영원하고 그의 성실하심이 대대에 이르리로다"(시편 100:5)

하나님의 _____ 들은 선하시다.

"하나님이 지으신 그 모든 것을 보시니 보시기에 심히 좋았더라…" (창세기 1:31)

2. 하나님은 전능하시다.

"…크고 능력 있으신 하나님이시요 이름은 만군의 여호와시니이다"(예레미야 32:18)

3. 세상은 악하다.

"그 정죄는 이것이니 곧 빛이 세상에 왔으되 사람들이 자기 행위가 악하므로 빛보다 어둠을 더 사랑한 것이니라"(요한복음 3:19)

"이 세상이나 세상에 있는 것들을 사랑하지 말라…"(요한일서 2:15)

어떻게 이 세 가지 사실이 한 번에 성립될 수 있는가?

선하시고 전능하신 하나님께서 창조하신 세상에 어떻게 악이 존재할 수 있는가? 많은 신학적·철학적 증명을 다음의 간단한 한 문장으로 요약할 수 있다.

_____ 이 없으면 _____ 이 없다.

하나님은 사람들이 범죄하는 길을 절대 선택하지 못하게 만드실 수도 있었겠지만, 그랬다면 사람들은 하나님을 사랑하겠다고 선택할 기회도 갖지 못했을 것이다.

 집중 탐구 | **기억해야 할 두 가지 사실**

1. 하나님께는 주권이 있다.

2. 인류는 자유 의지를 갖는다.

이 두 가지 사실이 어떻게 조화를 이룰 수 있을까? 하나님께서 우리에게 선택권을 주셨다면, 우리에게 이 세상을 다스리는 권한이 있는 것이 아닌가? 하나님은 그분의 피조물인 우리에게 선택할 수 있는 자유 의지를 주셨으면서도, 동시에 모든 창조물들을 완전히 통치하신다. 이게 어떻게 가능한 것일까? 그분은 하나님이시기 때문이다!

한 가지 경고 : 이 두 가지를 모두 기억하고, 균형을 유지하라. 하나님의 통치에만 너무 의지하면 우리의 결정이나 행위는 중요하지 않다는 숙명론에 빠지게 된다. 그리고 인간의 자유 의지를 지나치게 신뢰하면, 우리가 우리의 운명을 결정한다는 인본주의에 이르게 된다.

오늘날 세상에 악이 존재하게 된 데에는 세 가지 이유가 있다.

하나님의 뜻 : 하나님은 악을 _____ 하신다.

악과 고통의 문제는 기독교 최대의 논쟁거리가 되어 왔다. 어떻게 위대하고 선하신 하나님께서 악의 존재를 허용하시는지 사람들은 이해하지 못한다.

1. 하나님은 악이 _____할 수 있는 세상을 만드셨다.

창세기 3장에서,

- 하나님은 선악을 알게 하는 나무를 나게 하셨다.
- 하나님은 사탄이 뱀의 모양으로 동산에 들어가는 것을 허용하셨다.
- 하나님은 아담과 하와가 그 실과를 먹는 것을 허용하셨다.

2. 하나님은 악이 _____존재 하는 것을 허용하신다.

- 하나님은 우리가 죄를 선택하는 것을 허용하신다.

  "그러므로 내가 그의 마음을 완악한 대로 버려두어 그의 임의대로 행케 하였도다"(시편 81:12)

- 하나님은 우리의 악한 선택에 따른 고통스러운 결과를 허용하신다.

  "만일 누구든지 여호와의 계명 중 하나를 부지중에 범하여도 허물이라 벌을 당할 것이니"(레위기 5:17)

 집중 탐구 │ **고통을 보시는 하나님의 관점**

하나님이 고통을 허용하신다는 사실이 우리가 고통당하기를 원하신다는 의미는 아니다.

1. 하나님은 어떤 고통을 직접 _____. 하나님은 악의 징벌자이시다(이사야 13:11).

2. 하나님은 모든 고통을 _____ 여기신다(고린도후서 1:3, 4; 예레미야애가 3:22, 23; 마태복음 14:14).

3. 하나님은 고통당하는 우리를 _____ 하신다(시편 46:1; 히브리서 4:16).

---

4. 하나님은 고통을 통해서 우리의 _____ 을 계발하신다
   (야고보서 1:2~4; 히브리서 2:10).

5. 하나님은 어느 날 모든 고통을 _____신다(요한계시록 21:3, 4;
   로마서 8:18).

사탄의 영향력 : 사탄이 ___을 끼치기 때문에

오늘날 세상에 악이 존재하는 두 번째 이유는 사탄의 영향력 때문이
다. 악은 사탄이 만들어낸 새로운 창조물이 아니다. 사탄은 어떤 것도
창조할 능력이 없다. 사탄이 할 수 있는 것은 하나님께서 창조하신 것
을 왜곡하거나 억압하는 것뿐이다.

날씨가 악한가?
야망이 악한가?
성(性)이 악한가?
말이 악한가?

날씨, 야망, 성, 인간의 말 등은 하나님이 만드신 선한 창조물이다. 그
러나 이것이 악해진 것은 사탄이 그것들을 자연 재해, 전쟁, 부도덕,
중상모략 등으로 왜곡했기 때문이다.
우리는 원수인 사탄을 기쁘게 해서는 안 되며, 원수의 특징을 이해하
고 싸워서 이겨야 한다. 사탄은 힘이 있지만, 또한 어리석기도 하다(그
렇지 않다면 왜 하나님에게 대항했겠는가?).

사탄의 프로필

우리가 자라면서 갖게 된 사탄에 대한 이미지는 대부분 성경보다는 소설이나 공포 영화 같은 것에서 영향을 받은 것들이다. 오늘은 사탄이 정말 누구인지 성경이 직접적으로 말하고 있는 내용을 살펴보자.

1. 그는 하늘의 _____ 였다(요한계시록 12:3~9; 9:11).

2. 그는 때문에 하늘에서 떨어졌다.

"늘에 전쟁이 있으니 미가엘과 그의 사자들이 용과 더불어 싸울쌔 용과 그의 사자들도 싸우나 이기지 못하여 다시 하늘에서 그들이 있을 곳을 얻지 못한지라 큰 용이 내쫓기니 옛 뱀 곧 마귀라고도 하고 사탄이라고도 하며 온 천하를 꾀는 자라 그가 땅으로 내쫓기니 그의 사자들도 그와 함께 내쫓기니라"(요한계시록 12:7~9)

"너 아침의 아들 계명성이여 어찌 그리 하늘에서 떨어졌으며 너 열국을 엎은 자여 어찌 그리 땅에 찍혔는고 네가 네 마음에 이르기를 내가 하늘에 올라 하나님의 뭇별 위에 내 자리를 높이리라 내가 북극 집회의 산 위에 앉으리라 가장 높은 구름에 올라가 지극히 높은 이와 같아지리라 하는도다 그러나 이제 네가 스올 곧 구덩이의 맨 밑에 떨어짐을 당하리로다"(이사야 14:12~15)

3. 그는 땅에 영향을 미칠 _____ 자유를 받았다.
사탄의 한계 : 하나님의 _____ 을 구해야 한다.

● 욥(욥기 1:6~12; 2:1~6)
● 베드로 : "… 사탄이 너희를 밀 까부르듯 하려고 요구하였으나"(누가복음 22:31)

4. 사탄은 돌이킬 수 없는 영원한 멸망의 _____를 받았다.
사탄은 불못에 던져져 영원히 고통당할 것이다.

"또 그들을 미혹하는 마귀가 불과 유황 못에 던져지니…"(요한계시록
20:10)

인류의 선택 : 우리는 악을 _____ 했다.

두 가지 사실을 기억하라.
1. 악은 _____ 과 함께 시작되었다(창세기 3장).

아담과 하와가 죄를 선택함으로 무서운 결과를 낳았다.

● 그들은 그 나무의 실과를 먹었기 때문에 죽을 수밖에 없었다. 죄는
  사망, 즉 영적·육적 사망을 부른다.

  "선악을 알게 하는 나무의 열매는 먹지 말라 네가 먹는 날에는 반드시
  죽으리라 하시니라"(창세기 2:17)

● 그들은 그 나무의 실과를 먹었기 때문에 에덴동산에서 추방되었다.
  우리는 죄 때문에 타락하고 불완전한 세상에 살게 되었다.

  "여호와 하나님이 에덴동산에서 그를 내보내어 그의 근원이 된 땅을 갈
  게 하시니라"(창세기 3:23)

● 아담과 하와는 후손인 우리에게 죄성을 물려주었다. 그들이 그 실과
  를 먹었을 때 죄가 우리 모두에게 들어온 것이다. 그런 이유로 우
  리 모두는 죄를 지을 수밖에 없게 되었다. 우리는 악의 유혹을 거
  부할 수가 없다.

이것을 '원죄'라고 부른다. 우리는 백지 상태로 인생을 시작하지 않는다. 우리 모두는 날 때부터 선과 악에 대한 지식을 가지고 있으며, 우리를 죄짓게 하는 불완전한 마음으로 인생을 시작한다.

> "그러므로 한 사람으로 말미암아 죄가 세상에 들어오고 죄로 말미암아 사망이 들어왔나니 이와 같이 모든 사람이 죄를 지었으므로 사망이 모든 사람에게 이르렀느니라"(로마서 5:12)

2. 악이 _____ 안에 존재한다.
이것은 남의 이야기가 아니다. 바로 내 안에 악한 마음이 있다는 것을 인정해야 한다.

> "…선을 행하기 원하는 나에게 악이 함께 있는 것이로다"(로마서 7:21)

> "그러면 어떠하냐 우리는 나으냐 결코 아니라 유대인이나 헬라인이나 다 죄 아래에 있다고 우리가 이미 선언하였느니라 기록된 바 의인은 없나니 하나도 없으며 깨닫는 자도 없고 하나님을 찾는 자도 없고 다 치우쳐 함께 무익하게 되고 선을 행하는 자는 없나니 하나도 없도다"(로마서 3:9~12)

선과 악을 구분하는 경계는 국가, 계급, 정당을 기준으로 그어지는 것이 아니라, 모든 인간의 영혼 한가운데를 관통하는 것이다.[1]

---

1) 알렉산드르 솔제니친, 『이반 데니소비치 수용소의 하루』(민음사 역간)

풀리지 않은 문제들

왜 하나님은 악을 그냥 두고 보시는가? 왜 없애버리지 않으시는가?

1. 하나님은 이미 악을 굴복시키셨다(고린도전서 15:57; 골로새서 2:15). 하나님은 십자가에서 악을 굴복시키셨고, 우리도 하나님의 승리에 영원히 동참시키실 것이다. 우리는 최후 승리가 보장된 전투를 하고 있다.

2. 하나님께서는 _____ .
하나님은 모든 사람들이 구원받을 수 있도록 준비하셨다(요한일서 2:2).
하나님은 모든 사람들이 구원받기를 원하신다(디모데전서 2:3, 4).
하나님은 모든 사람들이 구원받기를 바라시며, 오래 참고 기다리신다(베드로후서 3:9).

기억합시다

"완전하시고 선하시고 전능하신 하나님께서 어떻게 전쟁과 질병을 이 땅에 허락하실 수 있을까?"라고 질문하는 사람에게 어떻게 대답해 주겠는가? 시련을 만났을 때, 우리의 즉각적인 반응은 "왜? 어떻게 하나님께서 이런 어려움을 주실 수 있어!"라는 질문이다. 오늘 이 시간 우리는 그 결론을 내리게 되었다.

1. 세상이 악한 것은 하나님께서 그렇게 창조하셨기 때문이 아니라, 인류가 _____ 했기 때문이다.
2. 하나님은 고통당하는 자들을 _____ .
3. 언젠가 악을 종식시키겠다고 하나님께서 선언하셨다.
4. 하나님께서 기다리시는 이유는 더 많은 사람들이 _____받아서 하나님과 영원히 분리되지 않도록 하기 위해서이다.

암송 카드 8번, '선과 악'을 암송하라.

Q 토의

1. 우리가 악한 세상 속에 살고 있다는 사실을 정직하게 받아들이는 것은 왜 중요한가? 우리가 악의 실체를 부인하며 산다면 어떻게 되겠는가?

2. 왜 하나님은 우리에게 자유 의지를 주셨을까?

3. 하나님께서 악을 허용하시는 것과 악을 행하시는 것에는 무슨 차이가 있는가?

4. 개인적 고통을 겪을 때 당신에게 가장 큰 희망과 격려를 주는 것은 무엇인가?

5. 사탄과 악에 대한 두려움을 믿음으로 이길 수 있도록 당신을 붙들어 주는 것은 무엇인가?

6. 세상이 악한 것에 대해 다른 사람들을 탓하는 것이 왜 옳지 않은가?

7. 예수님은 우리에게 "다만 악에서 구하옵소서"라고 기도하라고 가르치셨다(마태복음 6:13). 당신을 악에서 구해 달라고 다른 사람들에게 기도 부탁할 부분이 있다면?

A 빈 칸에 알맞은 단어

성품	천사
역사	교만
선택, 사랑	제한적
허용	허락
존재	정죄
계속해서	선택
주신다	인간
긍휼히	내
돌보려	오래 참으신다
인격	선택
끝내신다	보살피신다
악	구원

16장 선과 악 II

> **밭 갈기**
>
>
>
> 우리는 구체적인 생각을 통해
> 구체적인 습관을 통해
> 구체적인 관계를 통해
> 구체적인 문제를 통해, 죄와 사탄을 이길 수 있다.

기억합시다

당신은 사탄에게 승리했다!

"무릇 하나님께로부터 난 자마다 세상을 이기느니라 세상을 이기는 승리는 이것이니 우리의 믿음이니라"(요한일서 5:4)

"통치자들과 권세들을 무력화하여 드러내어 구경거리로 삼으시고 십자가로 그들을 이기셨느니라"(골로새서 2:15)

"우리 주 예수 그리스도로 말미암아 우리에게 승리를 주시는 하나님께 감사하노니"(고린도전서 15:57)

"그러나 이 모든 일에 우리를 사랑하시는 이로 말미암아 우리가 넉넉히 이기느니라"(로마서 8:37)

지난 장에서 우리는 죄의 전반적 문제를 살펴보았다. 그리고 이번 장에서는 우리 모두가 싸우고 있는 죄와의 개인적인 전쟁에 초점을 맞출 것이다. 위의 구절들에서 보았듯이, 하나님은 우리의 승리를 보장하셨지만, 지금 우리는 싸우지 않으면 안 된다. 이번 장에서 우리는 매일의 삶 속에서 어떻게 죄와의 전쟁에 승리할 것인지 살펴볼 것이다.

승리를 향해 전진하라

_____ 있으라

성경은 우리가 깨어서 전투를 준비하도록 두 가지로 강력하게 도전한다.

1. 우리는 "_____" 살고 있다.

   "또 아는 것은 우리는 하나님께 속하고 온 세상은 악한 자 안에 처한 것 이며"(요한일서 5:19)

2. 사탄은 "_____"이다.

   "근신하라 깨어라 너희 대적 마귀가 우는 사자같이 두루 다니며 삼 킬 자를 찾나니"(베드로전서 5:8)

_____ 하라

   "…하나님이 교만한 자를 물리치시고 겸손한 자에게 은혜를 주신다 하였 느니라 그런즉 너희는 하나님께 순복할지어다 마귀를 대적하라 그리하면 너희를 피하리라"(야고보서 4:6, 7)

사탄에 대적하는 첫 단계는 하나님께 _____ 하는 것이다.

_____ 하라

● 하나님의 능력을 힘입어 확신한다.

   "…너희 안에 계신 이가 세상에 있는 자보다 크심이라"(요한일서 4:4)

● 하나님의 약속을 힘입어 확신한다.

"평강의 하나님께서 속히 사탄을 너희 발 아래에서 상하게 하시리라 우리 주 예수의 은혜가 너희에게 있을지어다"(로마서 16:20)

● 기도에 힘입어 확신한다.

예수님께서 악에 대한 승리를 믿으며 기도하라고 우리에게 말씀하셨다.

"우리를 시험에 들게 하지 마시옵고 다만 악에서 구하시옵소서"(마태복음 6:13)

죄가 들어오는 세 가지 통로

모든 악의 원천은 사탄이지만, 악이 개인에게 영향을 미치는 데는 세 가지 경로가 있다. 승리를 경험하며 살기 위해 우리는 그 과정을 이해해야 하고, 성경적인 승리의 전략을 배워야 한다.

_____ : 적을 알라

어떤 전투에서든, 승리의 열쇠는 적을 아는 것이다.

아래 말씀에서 "세상"이란, 이 땅을 지배하는 철학과 힘을 의미한다.

"이는 세상에 있는 모든 것이 육신의 정욕과 안목의 정욕과 이생의 자랑이니 다 아버지께로부터 온 것이 아니요 세상으로부터 온 것이라"(요한일서 2:16)

승리의 전략

이 전쟁에서 승리하기 위한 비결은 무엇인가?

주님을 _____하라.

"이 세상이나 세상에 있는 것들을 사랑하지 말라 누구든지 세상을 사랑하면 아버지의 사랑이 그 안에 있지 아니하니 이는 세상에 있는 모든 것이 육신의 정욕과 안목의 정욕과 이생의 자랑이니 다 아버지께로 좇아 온 것이 아니요 세상으로부터 온 것이라 이 세상도, 그 정욕도 지나가되 오직 하나님의 뜻을 행하는 자는 영원히 거하느니라"(요한일서 2:15~17).

_____ : 적을 알라

짚고 넘어갑시다

성경에서 육신의 두 가지 의미

1. 우리의 신체(고린도전서 15:39; 요한복음 1:14)
2. 우리의 영적 죄성(고린도전서 3:3)

따라서 "몸이 악하다"고 말하는 것과 "육신이 악하다"고 말하는 것에는 큰 차이가 있다.

성령에 대해 공부한 것을 기억하는가? 우리의 몸은 성령의 전이 되어야 한다. 고린도전서 15장에서는 어느 날 우리 몸이 부활하여 영원한 생명을 누리게 된다고 말씀한다. 죄는 우리의 신체가 아닌, 우리의 불순종하려는 마음에서 시작된다. 죄는 밖에서 안으로 들어오는 것이 아니라, 안에서 나온다. 마음에 악이 있다. 우리가 악한 세상에 살기 때문에 악한 것들을 생각하는 것이 아니라, 악한 것들을 생각하기 때문에 악한 세상에 살게 되었다(마태복음 15:10~20).

승리의 전략

"형제들아 너희가 자유를 위하여 부르심을 입었으나 그러나 그 자유로 육체의 기회를 삼지 말고 오직 사랑으로 서로 종 노릇하라 …내가 이르노니 너희는 성령을 따라 행하라 그리하면 육체의 욕심을 이루지 아니하리라"(갈라디아서 5:13, 16)

사랑으로 서로 _____ .
성령을 좇아 _____ .

마귀 : 적을 알라

지난 장을 참고하라.

승리의 전략

_____ 를 입으라.

"그러므로 하나님의 전신갑주를 취하라 이는 악한 날에 너희가 능히 대
적하고 모든 일을 행한 후에 서기 위함이라 그런즉 서서 진리로 너희 허
리띠를 띠고 의의 호심경을 붙이고 평안의 복음이 준비한 것으로 신을
신고 모든 것 위에 믿음의 방패를 가지고 이로써 능히 악한 자의 모든
불화살을 소멸하고 구원의 투구와 성령의 검 곧 하나님의 말씀을 가지라
모든 기도와 간구를 하되 항상 성령 안에서 기도하고 이를 위하여 깨어
구하기를 항상 힘쓰며 여러 성도를 위하여 구하라"(에베소서 6:13~18)

전신갑주 이미지가 표현하고자 하는 것에 집중하라. 바울은 마귀의 궤
계에 대항하는 갑옷을 일곱 가지로 말한다.
1. 진리
2. 의
3. 복음 전도를 위한 준비
4. 믿음
5. 구원
6. 하나님의 말씀
7. 기도

일상생활 속에서 악을 이기라

우리는 일상생활 속에서 여러 모양으로 악을 접하게 된다. 삶 속에서 악에 직면하게 될 때, 어떻게 하나님께서 주시는 승리를 얻을 수 있을까?

죄

우리는 죄를 선택하기 때문에 악에 직면하게 된다.

"예수께서 대답하시되 진실로 진실로 너희에게 이르노니 죄를 범하는 자마다 죄의 종이라"(요한복음 8:34)

승리를 원하는가? _____ .

"만일 우리가 우리 죄를 자백하면 그는 미쁘시고 의로우사 우리 죄를 사하시며 우리를 모든 불의에서 깨끗하게 하실 것이요"(요한일서 1:9)

"그러므로 너희가 회개하고 돌이켜 너희 죄 없이 함을 받으라 이같이 하면 새롭게 되는 날이 주 앞으로부터 이를 것이요"(사도행전 3:19)

고통

우리가 악에 직면하는 것은 타락한 세상에 살고 있기 때문이다. 따라서 우리는 타락한 세상과 뗄 수 없는 고통에 직면하게 된다. 우리가 범죄함으로 고통받게 되는 수도 있지만, 때로는 전혀 예상치 못한 고통을 당하기도 한다.

하나님은 기쁨 중에 우리에게 속삭이시고,
양심 가운데 말씀하시지만,
고통 중에는 외치신다.

고통은 귀먹은 세상을 일깨우는 하나님의 확성기이다.[1]

- C. S. 루이스

승리를 원하는가? _____(마태복음 5:12; 로마서 5:3, 4)

"하나님과 주 예수 그리스도의 종 야고보는 흩어져 있는 열두 지파에게 문안하노라 내 형제들아 너희가 여러 가지 시험을 당하거든 온전히 기쁘게 여기라 이는 너희 믿음의 시련이 인내를 만들어내는 줄 너희가 앎이라 인내를 온전히 이루라 이는 너희로 온전하고 구비하여 조금도 부족함이 없게 하려 함이라"(야고보서 1:1~4)

 기억합시다

하나님께서 우리 삶 속에 문제를 허락하시는 두 가지 이유

1. 성장을 위해(야고보서 1:1~4; 로마서 5:3, 4).
   1보 후퇴를 통해 2보 전진을 얻게 하신다(창세기 50:20; 로마서 8:28).

2. _____ 을 가능하게 하시려고(고린도후서 1:3~7).

시험

사탄이 우리가 범죄하도록 유혹하기 때문에 우리는 악에 직면하게 된다.

---

1) C.S. 루이스, 『고통의 문제』(홍성사 역간)

승리를 원하는가? _____ (누가복음 22:46, 4, 1:13)

유혹의 네 가지 특징

1. 유혹은 항상 우리 곁에 다가온다(누가복음 4:2; 데살로니가전서 3:5).
   예수님은 완전하셨지만, 유혹을 당하셨다.

2. 유혹을 당하는 것이 죄가 아니라, 유혹에 넘어지는 것이 죄다.
   예수님은 유혹을 당하셨지만, 결코 죄를 짓지 않으셨다(마태복음
   4:1; 히브리서 4:15).

3. 우리 모두는 똑같은 유혹에 직면한다.

   "여자가 그 나무를 본즉 먹음직도 하고 보암직도 하고 지혜롭게 할 만큼
   탐스럽기도 한 나무인지라 여자가 그 열매를 따먹고 자기와 함께 있는 남
   편에게도 주매 그도 먹은지라"(창세기 3:6)

   "이는 세상에 있는 모든 것이 육신의 정욕과 안목의 정욕과 이생의 자랑
   이니 다 아버지께로부터 온 것이 아니요 세상으로부터 온 것이라"(요한일
   서 2:16)

4. 피할 길이 _____ 있다.

   "사람이 감당할 시험밖에는 너희가 당한 것이 없나니 오직 하나님은 미
   쁘사 너희가 감당하지 못할 시험당함을 허락하지 아니하시고 시험당할 즈
   음에 또한 피할 길을 내사 너희로 능히 감당하게 하시느니라"(고린도전서
   10:13)

집중 탐구 | **자주 묻는 질문**

습관적인 죄에 어떻게 대처해야 할까? '죄-고백-죄-고백'을 반복하여 해결해야 할까? 이 사이클을 '죄-고백-초점 바꾸기'의 패턴으로 바꾸어 보라.

최대의 적은 우리 자신이다. 우리라는 존재는, 해서는 안 될 것에 초점을 맞추다 보면 그것에 더 현혹되게 마련이다. 이렇게 약한 우리는 사탄과 밀고 당기는 게임에 휘말려서는 안 된다. 분명히 질 것이다! 그러나 해결책이 있다. 사탄과 마주 보고 붙잡고 있던 밧줄을 놓고 걸어가버리라. 사탄과의 게임을 거절하라.
이렇게 생각의 초점을 재조정할 수 있는 네 가지 방법이 있다.
1. 예배
2. 단호한 출발(마태복음 5:29, 30)
3. 다른 형제와 서로를 점검해 주라.
4. 다시 넘어지지 않기 위해 끝까지 노력하라.

즉각적인 변화가 느껴지지 않더라도 실망하지 말라. 긍정적인 쪽에 무게를 계속 더하다 보면, 어느 날인가는 저울이 기울 것이다.

악을 이기는 제1원칙

공격하라!

● 건강하지 못한 죄책감이 들 때는 _____ 를 그려 보라.

"통치자들과 권세들을 무력화하여 드러내어 구경거리로 삼으시고 십자가로 그들을 이기셨느니라"(골로새서 2:15)

● 유혹을 만나면 _____ 되는 자신을 그려 보라.

> "주께서 나를 모든 악한 일에서 건져내시고 또 그의 천국에 들어가도록 구원하시리니 그에게 영광이 세세무궁토록 있을지어다 아멘"(디모데후서 4:18)

> "그리스도께서… 이 악한 세대에서 우리를 건지시려고 우리 죄를 대속하기 위하여 자기 몸을 주셨으니"(갈라디아서 1:4)

● 악에 직면했을 때, _____ 을 행하라.

> "악에게 지지 말고 선으로 악을 이기라"(로마서 12:21)

너무나 중요한 다음 말씀은 우리가 초점을 어디에 두어야 하는지 말해 준다. 사탄과 귀신들, 이 세상의 악한 세력 등에 초점을 맞춘다면, 우리는 결코 악을 이길 수 없다. 선한 것에 초점을 맞추고 선한 것을 행함으로써 악을 이길 수 있다.

> "그러나 이 모든 일에 우리를 사랑하시는 이로 말미암아 우리가 넉넉히 이기느니라"(로마서 8:37)

말씀을 삶 속으로

이번 한 주 동안 어떻게 선으로 악을 이길지 한 가지씩 계획을 세워 보자.

생각 : 어떻게 생각의 초점을 악한 것에서 선한 것으로 옮길 수 있을까?

습관 : 어떻게 나쁜 습관 대신 좋은 습관에 몰두함으로써 바꿀 수 있을까?

관계 : 어떻게 하나님은 사람의 악한 행동을 선을 위해 사용하실 수 있을까?

문제 : 당신이 지금 직면하고 있는 문제를 통해 하나님께서 당신의 삶 속에서 일하고 계심을 기뻐할 수 있는 것은 무엇인가?

암송 카드 8번, '선과 악'을 암송하라.

Q 토의

1. 당신 자신이 아닌 하나님을 의지하라고 깨우쳐 주신 부분이 있는가? 어떤 일들을 통해 어떻게 당신의 믿음이 강해졌는지 기억나는 예가 있는가?

2. 당신은 세상, 육신, 마귀 중 특히 어느 통로를 통해 가장 자주 영향을 받는가? 왜 그렇다고 생각하는가?

3. 에베소서 6장에서 열거한 일곱 가지 갑옷 중 무엇이 당신을 악으로부터 가장 효과적으로 보호해 주었는가? 당신은 그 갑옷을 매일의 생활 속에서 어떻게 입고 있는가?

4. 당신이 유혹에 가장 효과적으로 대처하는 방법은 무엇인가? 당신은 교만, 쾌락, 물질의 유혹 중 어느 것과 가장 많이 씨름하는가?

5. 〈말씀을 삶 속으로〉에서 제시한 네 가지 영역에 대한 대답을 나누라. 이번 한 주 동안 당신을 위해 그 중 한 가지를 기도해 달라고 그룹에게 부탁하라.

 참고 도서 │ C. S. 루이스, 『고통의 문제』(홍성사 역간)
폴 리틀, 『이래서 믿는다』(생명의말씀사 역간)
필립 얀시, 『하나님 당신께 실망했습니다』(좋은씨앗)
필립 얀시, 『내가 고통당할 때 하나님은 어디 계십니까』(생명의말씀사)

A 빈 칸에 알맞은 단어

깨어
적진 속에
우는 사자
겸손
순복
확신
세상

사랑
육신
종노릇하라
행하라
전신갑주
회개하라
기뻐하라

사역
거절하라
항상
십자가
구조
선

17장 죽음, 그 후 I

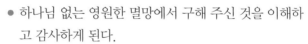

밭 갈기

- 하나님 없는 영원한 멸망에서 구해 주신 것을 이해하고 감사하게 된다.
- 세상이 아니라 영원에 소망을 두게 된다.

우리 모두는 우리 인생의 끝에 대해 궁금해 한다. 우리에게 시간이 얼마나 남았으며, 어떤 상황에서 죽을 것이며, 구체적으로 어떤 죽음을 맞게 될 것인지 등을 궁금해 한다. 성경은 우리 삶의 끝에 대해 분명한 사실을 이야기하고 있으며, 우리 모두는 그것을 알아야만 한다. 그 사실들이 우리가 오늘을 사는 방식과 미래를 보는 방식에 영향을 미치게 될 것이기 때문이다.

이 장에서는 성경이 지옥에 대해 무엇이라 말하고 있는지를 보고, 다음 장에서는 천국에 대해 이야기할 것이다(나쁜 소식을 먼저 듣는 게 좋지 않을까?).

지옥에 대해 사람들이 가장 많이 던지는 질문으로는 다음과 같은 것들이 있다.

> 글자 그대로의 지옥이 정말 있는가?
>
> 왜 지옥이 창조되었는가?
>
> 누가 지옥에 가는가?
>
> 지옥에 가는 사람들에게 무슨 일이 일어나는가?
>
> 지금 사람들이 죽으면 어디로 가는가?
>
> 내가 지옥에 가지 않을 것이라고 어떻게 확신할 수 있는가?

지옥은 실재하는 장소인가?

지옥은 심판이 이뤄지는 진짜 장소라고 예수님은 가르치셨다(사실, 천국에 대해 가르치신 구절보다 지옥에 대해 가르치신 구절이 더 많다).

"그들은 영벌에, 의인들은 영생에 들어가리라 하시니라"(마태복음 25:46)

"내가 진실로 진실로 너희에게 이르노니 내 말을 듣고 또 나 보내신 이를 믿는 자는 영생을 얻었고 심판에 이르지 아니하나니 사망에서 생명으로 옮겼느니라 …무덤 속에 있는 자가 다 그의 음성을 들을 때가 오나니 선한 일을 행한 자는 생명의 부활로, 악한 일을 행한 자는 심판의 부활로 나오리라"(요한복음 5:24, 28, 29)

성경은 모든 인류가 통과해야만 할 심판의 때를 이야기한다. 그리고 그 심판의 때는 불의한 자들로부터 의인들을 구별해내는 때라고 말한다.

본 문	비 유
마태복음 13:47~51	물고기를 갈라내는 그물
마태복음 25:31~46	양과 염소를 구분해내는 목자
마태복음 13:24~30	가라지와 곡식을 갈라내는 추수

누가 심판하고 구별하는가? 유일하게 의로우신 _____ 이시다.

"이는 정하신 사람으로 하여금 천하를 공의로 심판할 날을 작정하시고 이에 그를 죽은 자 가운데서 다시 살리신 것으로…"(사도행전 17:31)

지옥은 왜 창조되었는가?

● 지옥은 원래 인간이 아니라, _____ 을 위해 창조되었다.

　　"또 왼편에 있는 자들에게 이르시되 저주를 받은 자들아 나를 떠나 마귀와 그 사자들을 위하여 예비된 영원한 불에 들어가라"(마태복음 25:41)

이 천사(사자)들은 사탄이 하늘에서 하나님에 대항하는 반역을 했을 때 사탄을 따른 자들이다. 그들은 또한 귀신들로 불린다.

● 많은 사람들이 사탄이 지옥에 있다고 생각하지만, 그는 지금 _____ 에 거한다.
　　예수님은 복음서에서 네 번, 사탄을 "이 세상 임금"으로 부르셨다.

　　"이제 이 세상에 대한 심판이 이르렀으니 이 세상의 임금이 쫓겨나리라"(요한복음 12:31)

● 요한계시록에 따르면, 어느 날엔가 하나님이 사탄과 사망과 음부를 _____ (지옥의 다른 이름)에 던져 넣으실 것이다.

　　"또 그들을 미혹하는 마귀가 불과 유황 못에 던져지니 거기는 그 짐승과 거짓 선지자도 있어 세세토록 밤낮 괴로움을 받으리라"(요한계시록 20:10)

　　"사망과 음부도 불못에 던져지니 이것은 둘째 사망 곧 불못이라"(요한계시록 20:14)

누가 지옥에 가는가?

지옥은 사탄과 그의 귀신들을 위해 창조되었지만, 그들만이 영원히 지옥에 있는 것은 아니다.

모든 사람이 결국 직면해야 할 사실 :

- 우리 모두는 하나님 없는 지옥에서 영원히 살 수밖에 없었다.

  "모든 사람이 죄를 범하였으매 하나님의 영광에 이르지 못하더니"(로마서 3:23)

- 하나님과 분리된 우리를 구하기 위해 예수님이 오셨다.

  "…장래 노하심에서 우리를 건지시는 예수시니라"(데살로니가전서 1:10)

오직 예수님만이 우리를 구하실 수 있다. 우리가 지옥에서 영원히 살아야만 하는 이유인 죄를 오직 예수님만이 용서하실 수 있기 때문이다.

- 예수를 믿는 자는 구원된다.

  "그러므로 자기를 힘입어 하나님께 나아가는 자들을 온전히 구원하실 수 있으니 이는 그가 항상 살아 계셔서 그들을 위하여 간구하심이라"(히브리서 7:25)

- 예수 믿지 않는 사람은 지옥, 즉 하나님과 분리된 상태로부터 구원되지 않는다.

  "또 증거는 이것이니 하나님이 우리에게 영생을 주신 것과 이 생명이 그의 아들 안에 있는 그것이니라 아들이 있는 자에게는 생명이 있고 하나님의 아들이 없는 자에게는 생명이 없느니라"(요한일서 5:11, 12)

기억합시다

내가 사랑하는 사람들은 어떻게 되는가?

예수님의 은혜와 사랑을 믿어 지옥에서 구원된 우리는 사랑하는 사람들을 떠올리지 않을 수가 없다. 그들이 하나님과 분리되어 영원을 보낸다는 것은 생각만 해도 고통스러운 일이다.

만일 그들이 아직 살아 있다면, _____을 포기하지 말라! 하나님께서 그들도 구원하실 수 있다는 기쁜 소식을 사랑하는 사람들에게 알리라. 하나님의 생명과 용서의 초대를 처음에는 거절하던 많은 사람들이 결국에는 받아들인다. (사도 바울도 그런 사람 중 하나였다.)

만일 그들이 이미 죽었다면, 그들을 _____맡겨라. 당신이 아닌, 하나님께서 재판장이심을 기억하라. 당신이 바꿀 수 없는 것에 대한 걱정에 싸여 있지 말고, 하나님께 맡기라. 그리고 오히려 아직 살아 있는 사람들에게 소망을 나누라. 당신이 그리스도를 믿고 있다는 사실과 당신이 죽을 때 천국에 간다는 사실을 사랑하는 사람들에게 반드시 알리라.

지옥에 가는 사람들에게 무슨 일이 일어나는가?

성경은 지옥이 끝없는 괴로움, 번뇌, 고민의 장소라고 분명히 가르친다.

"그들은 영벌에, 의인들은 영생에 들어가리라 하시니라"(마태복음 25:46)

감정적/관계적 괴로움

"그 나라의 본 자손들은 바깥 어두운 데 쫓겨나 거기서 울며 이를 갈게 되리라"(마태복음 8:12)

"몸은 죽여도 영혼은 능히 죽이지 못하는 자들을 두려워하지 말고 오직 몸과 영혼을 능히 지옥에 멸하실 수 있는 이를 두려워하라"(마태복음 10:28)

육체적 괴로움

"만일 네 손이 너를 범죄하게 하거든 찍어버리라 장애인으로 영생에 들어가는 것이 두 손을 가지고 지옥 곧 꺼지지 않는 불에 들어가는 것보다 나으니라 만일 네 발이 너를 범죄하게 하거든 찍어버리라 다리 저는 자로 영생에 들어가는 것이 두 발을 가지고 지옥에 던져지는 것보다 나으니라 … 만일 네 눈이 너를 범죄하게 하거든 빼버리라 한 눈으로 하나님의 나라에 들어가는 것이 두 눈을 가지고 지옥에 던져지는 것보다 나으니라 거기에서는 구더기도 죽지 않고 불도 꺼지지 아니하느니라"(마가복음 9:43~48)

영적 괴로움

"또 왼편에 있는 자들에게 이르시되 저주를 받은 자들아 나를 떠나 마귀와 그 사자들을 위하여 예비된 영원한 불에 들어가라"(마태복음 25:41)

"이런 자들은 주의 얼굴과 그의 힘의 영광을 떠나 영원한 멸망의 형벌을 받으리로다"(데살로니가후서 1:9)

지금 사람들이 죽으면 어디로 가는가?

신약 성경에 따르면, 성도들은 즉시 하나님의 임재 안에서 몸의 부활과 천국의 영원한 기쁨을 기다린다. 믿지 않는 자들은 음부로 가서 형벌을 받으며 몸의 부활과 지옥에서의 최후 심판을 기다린다.

너무 간단한 사실이기 때문에 사람들은 오히려 더 많은 것을 알고 싶어 한다. 죽음과 최후 심판 사이의 중간 상태, 장래 몸의 부활에 관해 사람들은 이러저러한 추측을 하기 시작했다. 이 과정에서 잘못된 가르침들이 있었다면, 이에 대해 심도 있게 살펴보자.

죽음, 그 후에 대한 성경의 점진적 계시

1. 구약에서는 사후의 삶이 미지의 대상처럼 모호하게 묘사되어 있다.

스올(Sheol)

히브리어 단어 스올은 구약에서 66회 사용된다. 구약은 사람의 몸은 무덤으로 가고 영혼은 스올로 간다고 가르친다. 맨 처음에는 도덕적으로 선한 사람과 악한 사람의 구분 없이, 누구나 스올에 가야 한다고 나타난다(창세기 25:8; 37:35). 그리고 시간이 좀 지나자 사람들은 스올에 구역이 있다고 믿기 시작했다. 즉 "깊은 곳"과 "높은 곳"이 대조된다. 명시되지는 않지만, 악인들은 깊은 곳에, 의인들은 높은 곳에 있는 것으로 보인다(신명기 32:22).

 집중 탐구

구약 시대의 성도들은 사후에 무슨 일이 일어나는지에 대해 분명하고 자세히 이해하지 못했지만, 그렇다고 해서 그들이 영원한 상급을 누리지 않은 것은 아니다. 그들이 하나님의 임재 안으로 들어간다는 사실을 알지 못했다 할지라도, 그들은 확실히 들어갔다.

2. 신구약 중간기(구약의 마지막 사건과 신약의 첫 번째 사건 사이의 400년)에 스올에 대한 유대인들의 개념은 두 개의 구분된 구역이 있다고 믿는 단계로 발전했다.

한 구역은 악인들이 고통을 당하는 곳으로서, _____ 라 불렸다. 다른 한 구역은 천상의 기쁨을 맛보는 곳으로서, 흔히 아브라함의 품이나 _____ 으로 불렸다.

"한 부자가 있어 자색 옷과 고운 베옷을 입고 날마다 호화롭게 즐기더라 그런데 나사로라 이름하는 한 거지가 헌 데 투성이로 그의 대문 앞에 버려진 채 그 부자의 상에서 떨어지는 것으로 배불리려 하매 심지어 개들이 와서 그 헌 데를 핥더라 이에 그 거지가 죽어 천사들에게 받들려 아브라함의 품에 들어가고 부자도 죽어 장사되매 그가 음부에서 고통 중에 눈을 들어 멀리 아브라함과 그의 품에 있는 나사로를 보고 불러 이르되 아버지 아브라함이여 나를 긍휼히 여기사 나사로를 보내어 그 손가락 끝에 물을 찍어 내 혀를 서늘하게 하소서 내가 이 불꽃 가운데서 괴로워하나이다 아브라함이 이르되 얘 너는 살았을 때에 좋은 것을 받았고 나사로는 고난을 받았으니 이것을 기억하라 이제 그는 여기서 위로를 받고 너는 괴로움을 받느니라 그뿐 아니라 너희와 우리 사이에 큰 구렁텅이가 놓여 있어 여기서 너희에게 건너가고자 하되 할 수 없고 거기서 우리에게 건너올 수도 없게 하였느니라 이르되 그러면 아버지여 구하노니 나사로를 내 아버지의 집에 보내소서 내 형제 다섯이 있으니 그들에게 증언하게 하여 그들로 이 고통받는 곳에 오지 않게 하소서 아브라함이 이르되 그들에게 모세와 선지자들이 있으니 그들에게 들을지니라 이르되 그렇지 아니하니이다 아버지 아브라함이여 만일 죽은 자에게서 그들에게 가는 자가 있으면 회개하리이다 이르되 모세와 선지자들에게 듣지 아니하면 비록 죽은 자 가운데서 살아나는 자가 있을지라도 권함을 받지 아니하리라 하였다 하시니라"(누가복음 16:19~31)

집중 탐구

누가복음 16장에서 예수님께서 하신 이야기는 지옥에 대한 두 가지 끔찍한 사실을 우리에게 가르쳐 준다.

1. 괴로움으로부터 _____이 없다.

2. 두 번째 _____ 가 없다.

3. 그리스도의 부활 후에, 신약 성경의 가르침은 이렇다. 성도들은 죽으면 그리스도가 계신 곳으로 즉시 들어가고, 믿지 않는 자들은 형벌을 받으며 하나님으로부터 분리되는 장소로 즉시 들어간다.

"내가 그 둘 사이에 끼었으니 차라리 세상을 떠나서 그리스도와 함께 있는 것이 훨씬 더 좋은 일이라 그렇게 하고 싶으나"(빌립보서 1:23)

중간 상태와 몸의 부활

"그러므로 우리가 항상 담대하여 몸으로 있을 때에는 주와 따로 있는 줄을 아노니 이는 우리가 믿음으로 행하고 보는 것으로 행하지 아니함이로라 우리가 담대하여 원하는 바는 차라리 몸을 떠나 주와 함께 있는 그것이라"(고린도후서 5:6~8)

"중간 상태"(the intermediate state)는 죽음으로부터 예수님께서 다시 오실 때까지의 상태를 말하는 신학적 용어다.
왜 이 기간을 구별해야 할까? 우리의 영혼은 죽음과 동시에 하나님과 함께 있거나, 고통받기 위해 음부로 내려가지만, 우리의 몸은 아직 예수님의 몸처럼 부활되지 않았기 때문이다.

"돌이 무덤에서 굴려 옮겨진 것을 보고 들어가니 주 예수의 시체가 보이지 아니하더라"(누가복음 24:2, 3)

성경은 분명히 말씀한다.
● 예수님이 부활하셨을 때, 예수님의 몸도 부활했다(요한복음 20:19, 20).
● 우리도 언젠가 부활한 몸을 가질 것이다(고린도전서 15:42~44).
● 예수님께서 돌아오실 때 우리는 부활한 몸을 받을 것이다(데살로니가전서 4:16, 17).

두려워 말라. 몸은 부활을 기다려야 하지만, 당신이 죽는 즉시 영은 주님 곁으로 간다.
이렇게 정리해 보자.

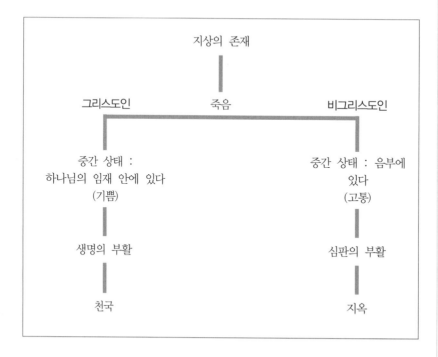

기억합시다

지옥에 가지 않을 것이라고 어떻게 확신할 수 있을까?

어떤 죄를 지으면 지옥에 가게 되는 것일까?
예수 그리스도를 하나님의 아들, 우리에게 필요한 구원자가 아니라고
_____ 하는 죄다.

> "하나님이 세상을 이처럼 사랑하사 독생자를 주셨으니 이는 그를 믿는 자마
> 다 멸망하지 않고 영생을 얻게 하려 하심이라 하나님이 그 아들을 세상에 보
> 내신 것은 세상을 심판하려 하심이 아니요 그로 말미암아 세상이 구원을 받
> 게 하려 하심이라 그를 믿는 자는 심판을 받지 아니하는 것이요 믿지 아니
> 하는 자는 하나님의 독생자의 이름을 믿지 아니하므로 벌써 심판을 받은 것
> 이니라"(요한복음 3:16~18)

기억하라. 만일 당신이 (의도적으로든, 무관심해서든) 이 땅에서 하나님과
분리되어 살기로 결정한다면, 죽음 후에도 하나님과 분리되어 살게 될 것
이다. 그러나 만일 당신이 이 땅에서 예수님을 통해 하나님과의 관계를 맺
는다면, 당신은 죽음 후에도 하나님과 함께 살게 될 것이다.

암송 카드 9번, '죽음, 그 후'를 암송하라.

Q 토의

1. 죽음, 그 후의 세계에 대해 사람들에게 가장 강하게 영향을 주는 것은 무엇일까?

- 성경
- 세상 종교들
- 이 땅에서 착하게 살면 된다는 철학
- 막연한 낙관론
- 영화와 텔레비전
- 기타 _____

2. 우리는 지옥이 있다는 것을 배웠다. 지옥이 실제 존재하는 장소라는 것을 가장 분명하게 말해 주는 것은 무엇인가? 지옥이 있다는 것을 아는 것이 왜 중요한가?

3. 함께 두 가지를 놓고 기도하라.

- 우리를 지옥으로부터 구원하시려고 예수님께서 기꺼이 십자가에서 제물이 되신 것을 감사하는 기도
- 우리가 아는 사람들 중에 그리스도의 구원을 아직 신뢰하지 않고 있는 사람들을 위한 기도

4. 지옥이 고통의 장소라는 것을 성경이 왜 그토록 분명하고 생생하게 우리에게 말씀한다고 생각하는가?

5. 이제 예수 믿는 당신을 천국에 보낼 것인지 지옥에 보낼 것인지 하나님은 심판하실 필요가 전혀 없으시다! 인생에서 가장 중요한 결정을 이미 제대로 내렸다는 확신과 기쁨에 대해 나누어 보라.

A 빈 칸에 알맞은 단어

예수님   음부

사탄과 귀신들   낙원

지구상   쉼

불못   기회

희망   거절

하나님께

밭 갈기	• 기쁨!
	• 영원에 집중하는 한 주를 살기 위한 한 가지 방법을 결심한다.

"푯대를 향하여 그리스도 예수 안에서 하나님이 위에서 부르신 부름의 상을 위하여 달려가노라"(빌립보서 3:14)

하나님은 남자와 여자를 창조하실 때 이 땅에서의 삶이 전부가 아니라는 것을 알게 하셨다. 성경은 이렇게 말씀한다.

"…또 사람들에게는 영원을 사모하는 마음을 주셨느니라…"(전도서 3:11)

우리 모두는 무덤이 인생의 끝이 아니라는 것을 막연하게나마 알고 있다. 앞 장에서는 믿지 않는 자들의 죽음, 그 후의 삶이 어떨지 살펴보았다.

이제 성도들의 죽음 후의 삶이 구체적으로 어떨지에 대해서도 궁금한 것이 많을 것이다.

천국은 어디에 있는가?
어떤 사람이 천국에 갈 수 있나?
그리스도인인 나는 어떤 심판을 받을까?
천국은 어떤 곳인가?
천국이 지금 이 땅에서의 삶에 어떤 영향을 미칠까?

천국은 어디에 있는가?

천국은 _____ 에 있다.

"하늘에 계시는 주여 내가 눈을 들어 주께 향하나이다"(시편 123:1)

구약에서는 하늘을 3층천(三層天)이라고 표현한다. 새들이 날아다니고, 나무가 호흡하고, 비가 오는 곳은 _____ 이다.
또한 하늘은 달과 별들이 궤도에 따라 움직이는 곳이다. 그곳은 _____ 이라고 한다.
_____ , 혹은 가장 높은 하늘은 하나님께서 거하시는 곳이다.

천국은 _____ 이다.

천국은 하나님의 _____ 이며 성도들의 _____처소이다.

"내가 들으니 보좌에서 큰 음성이 나서 이르되 보라 하나님의 장막이 사람들과 함께 있으매 하나님이 그들과 함께 계시리니 그들은 하나님의 백성이 되고 하나님은 친히 그들과 함께 계셔서"(요한계시록 21:3)

천국의 다른 이름 중 하나는 _____ 이다.

"그들이 이제는 더 나은 본향을 사모하니 곧 하늘에 있는 것이라 그러므로 하나님이 그들의 하나님이라 일컬음 받으심을 부끄러워하지 아니하시고 그들을 위하여 한 성을 예비하셨느니라"(히브리서 11:16)

어떤 사람이 천국에 갈 수 있나?

히브리서 12장 22, 23절에서 천국에는 사는 이들이 많다고 말씀한다.

"그러나 너희가 이른 곳은 시온 산과 살아 계신 하나님의 도성인 하늘의 예루살렘과 천만 천사와 하늘에 기록된 장자들의 모임과 교회와 만민의 심판자이신 하나님과 및 온전하게 된 의인의 영들과"(히브리서 12:22, 23)

위 말씀에 보면 천국에는 아래와 같은 이들이 있다고 말씀한다.

천사들

하나님

교회

구약 시대의 성도들

앞 장에서 살펴보았듯이, 하나님과 영원을 함께 보내게 될 사람들은 이 땅에서 하나님을 선택했던 사람들뿐이다.

"네가 만일 네 입으로 예수를 주로 시인하며 또 하나님께서 그를 죽은 자 가운데서 살리신 것을 네 마음에 믿으면 구원을 얻으리니"(로마서 10:9)

 집중 탐구 | 하나님은 어떤 모습이신가?

아기들이나 어린이들도 죽으면 천국에 갈까? 그렇다! 자신의 죄와 그리스도가 우리에게 필요하다는 사실을 이해할 수 있는 연령이 되기 전에 죽은 어린이에게는 책임을 묻지 않으실 것이다. 그것이 하나님의 공의와 하나님의 은혜에 합당한 것이다. 성경은 이 질문에 직접적으로 답변하지는 않지만, 이해를 돕는 구절들이 있다.

1. 하나님께서는 모든 일에 공의롭고 의로우시다.

"여호와께서는 그 모든 행위에 의로우시며 그 모든 행사에 은혜로우시도다"(시편 145:17)

하나님은 절대 실수하지 않으신다.

2. 다윗은 죽은 자기 아기를 만나게 될 것이라고 믿었다(사무엘하 12:23).

그리스도인인 나는 어떻게 심판을 받는가?

성경은 세상 끝에 두 차례의 심판이 있다고 말씀한다.

1. _____
그리스도를 믿지 않는 사람들에 대한 최종 심판이며, 하나님과 분리되는 선고를 받는다. 그리스도를 믿는 자들은 이 심판을 받지 않는다.

2. _____
고린도의 성도들에게 쓴 편지에서 바울은 이렇게 말했다.

> "이는 우리가 다 반드시 그리스도의 심판대 앞에 드러나 각각 선악 간에
> 그 몸으로 행한 것을 따라 받으려 함이라"(고린도후서 5:10)

위의 구절에서 "심판대"(judgment seat)라고 번역된 헬라어는 '베마'
(Bema)다.

심판대

> "내게 주신 하나님의 은혜를 따라 내가 지혜로운 건축자와 같이 터를 닦
> 아 두매 다른 이가 그 위에 세우나 그러나 각각 어떻게 그 위에 세우기
> 를 조심할찌니라 이 닦아 둔 것 외에 능히 다른 터를 닦아 둘 자가 없
> 으니 이 터는 곧 예수 그리스도라 만일 누구든지 금이나 은이나 보석이
> 나 나무나 풀이나 짚으로 이 터 위에 세우면 각각 공력이 나타날 터인데
> 그 날이 공력을 밝히리니 이는 불로 나타내고 그 불이 각 사람의 공력이
> 어떠한 것을 시험할 것임이니라 만일 누구든지 그 위에 세운 공력이 그
> 대로 있으면 상을 받고 누구든지 공력이 불타면 해를 받으리니 그러나 자
> 기는 구원을 얻되 불 가운데서 얻은 것 같으리라"(고린도전서 3:10~15)

1. 공력이 있는 것들은 상을 _____ .
2. 공력이 없는 것들은 상을 _____ .
3. 상을 받든 잃든, 우리의 구원은 _____ .

"그러므로 때가 이르기 전 곧 주께서 오시기까지 아무것도 판단치 말라 그가 어두움에 감추인 것들을 드러내고 마음의 뜻을 나타내시리니 그 때에 각 사람에게 하나님께로부터 칭찬이 있으리라"(고린도전서 4:5)

 집중 탐구

성경은 성도들이 세 가지로 인해 상을 받을 것이라고 말씀한다.

1. _____

   "인자가 아버지의 영광으로 그 천사들과 함께 오리니 그때에 각 사람의 행한 대로 갚으리라"(마태복음 16:27)

2. _____

   "나 여호와는 심장을 살피며 폐부를 시험하고 각각 그 행위와 그 행실대로 보응하나니"(예레미야 17:10)

3. _____

   "내가 너희에게 이르노니 사람이 무슨 무익한 말을 하든지 심판 날에 이에 대하여 심문을 받으리니"(마태복음 12:36)

천국은 어떤 곳인가?

우리에게 기쁨이 되는 여섯 가지 사실

"주께서 생명의 길로 내게 보이시리니 주의 앞에는 기쁨이 충만하고 주의 우편에는 영원한 즐거움이 있나이다"(시편 16:11)

1. 거룩

"능히 너희를 보호하사 거침이 없게 하시고 너희로 그 영광 앞에 흠이 없이 즐거움으로 서게 하실 자"(유다서 1:24)

"사랑하는 자들아 우리가 지금은 하나님의 자녀라 장래에 어떻게 될 것은 아직 나타나지 아니하였으나 그가 나타내심이 되면 우리가 그와 같을 줄을 아는 것은 그의 계신 그대로 볼 것을 인함이니"(요한일서 3:2)

2. 영화된 몸

"만일 땅에 있는 우리의 장막 집이 무너지면 하나님께서 지으신 집 곧 손으로 지은 것이 아니요 하늘에 있는 영원한 집이 우리에게 있는 줄 아나니"(고린도후서 5:1)

"이 장막에 있는 우리가 짐 진 것같이 탄식하는 것은 벗고자 함이 아니요 오직 덧입고자 함이니 죽을 것이 생명에게 삼킨바 되게 하려 함이라"(고린도후서 5:4)

3. 불멸성

"모든 눈물을 그 눈에서 씻기시매 다시 사망이 없고 애통하는 것이나 곡하는 것이나 아픈 것이 다시 있지 아니하리니 처음 것들이 다 지나갔음이러라"(요한계시록 21:4)

"이 썩을 것이 불가불 썩지 아니할 것을 입겠고 이 죽을 것이 죽지 아니함을 입으리로다"(고린도전서 15:53)

4. 모든 욕구의 충족

"저희가 다시 주리지도 아니하며 목마르지도 아니하고 해나 아무 뜨거운 기운에 상하지 아니할찌니"(요한계시록 7:16)

5. 그리스도의 영광에 참여

"자녀이면 또한 후사 곧 하나님의 후사요 그리스도와 함께한 후사니 우리가 그와 함께 영광을 받기 위하여 고난도 함께 받아야 될 것이니라"(로마서 8:17)

6. 하나님 및 다른 성도들과 친밀한 교제

"우리가 이제는 거울로 보는 것같이 희미하나 그때에는 얼굴과 얼굴을 대하여 볼 것이요 이제는 내가 부분적으로 아나 그때에는 주께서 나를 (온전히:영어 번역본 NIV) 아신 것같이 내가 온전히 알리라"(고린도전서 13:12)

천국이 지금 이 땅에서의 삶에 어떤 영향을 미칠까?

천국에 소망을 두고 살아갈 때, 우리의 삶이 변하게 되는 다섯 가지 영역을 살펴보자.

1. _____ 에 대한 동기 부여

"예수께서 가라사대 내가 곧 길이요 진리요 생명이니 나로 말미암지 않고는 아버지께로 올 자가 없느니라"(요한복음 14:6)

"또 증거는 이것이니 하나님이 우리에게 영생을 주신 것과 이 생명이 그의 아들 안에 있는 그것이니라 아들이 있는 자에게는 생명이 있고 하나님의 아들이 없는 자에게는 생명이 없느니라"(요한일서 5:11, 12)

2. 지혜로운 _____ 사용

"너희를 위하여 보물을 땅에 쌓아 두지 말라 거기는 좀과 동록이 해하며 도적이 구멍을 뚫고 도적질하느니라 오직 너희를 위하여 보물을 하늘에 쌓아 두라 거기는 좀이나 동록이 해하지 못하며 도적이 구멍을 뚫지도 못하고 도적질도 못하느니라 네 보물 있는 그 곳에는 네 마음도 있느니라" (마태복음 6:19~21)

3. _____ 을 섬김

"그때에 임금이 그 오른편에 있는 자들에게 이르시되 내 아버지께 복 받을 자들이여 나아와 창세로부터 너희를 위하여 예비된 나라를 상속하라 내가 주릴 때에 너희가 먹을 것을 주었고 목마를 때에 마시게 하였고 나그네 되었을 때에 영접하였고 벗었을 때에 옷을 입혔고 병 들었을 때에 돌아보았고 옥에 갇혔을 때에 와서 보았느니라 이에 의인들이 대답하여 가로되 주여 우리가 어느 때에 주의 주리신 것을 보고 공궤하였으며 목마르신 것을 보고 마시게 하였나이까 어느 때에 나그네 되신 것을 보고 영접하였으며 벗으신 것을 보고 옷 입혔나이까 어느 때에 병드신 것이나 옥에 갇히신 것을 보고 가서 뵈었나이까 하리니 임금이 대답하여 가라사대 내가 진실로 너희에게 이르노니 너희가 여기 내 형제 중에 지극히 작은 자 하나에게 한 것이 곧 내게 한 것이니라 하시고" (마태복음 25:34~40)

그리스도인이여, 들으십시오.

내가 배고팠을 때,
　　당신은 인문 학회를 만들어서 나의 굶주림에 대해 토론했습니다.
　　고맙습니다.
내가 감옥에 갇혔을 때,
　　당신은 지하 예배당으로 조용히 내려가 나의 석방을 위해 기도
　　했습니다.

내가 벌거벗었을 때,
　　당신은 마음속으로 내 벗은 몸의 도덕성에 대해 판단했습니다.
내가 아팠을 때,
　　당신은 무릎 꿇고 당신의 건강을 하나님께 감사했습니다.
내가 집이 없을 때,
　　당신은 하나님의 사랑의 보금자리를 내게 설교했습니다.
내가 외로웠을 때,
　　당신은 나를 홀로 남겨두고 나를 위해 기도하러 갔습니다.
당신은 너무도 거룩하고 하나님과 너무도 가까워 보이지만,
　　당신은 아직도 매우 배고프고, 외롭고, 춥습니다.
고맙습니다.[1]

4. _____ 중의 인내

"그러므로 우리가 낙심하지 아니하노니 겉사람은 후패하나 우리의 속은 날로 새롭도다 우리의 잠시 받는 환난의 경한 것이 지극히 크고 영원한 영광의 중한 것을 우리에게 이루게 함이니 우리의 돌아보는 것은 보이는 것이 아니요 보이지 않는 것이니 보이는 것은 잠간이요 보이지 않는 것은 영원함이니라"(고린도후서 4:16~18)

5. _____ 하지 않음

"그러므로 너희가 그리스도와 함께 다시 살리심을 받았으면 위엣 것을 찾으라 거기는 그리스도께서 하나님 우편에 앉아 계시느니라 위엣 것을 생각하고 땅엣 것을 생각지 말라"(골로새서 3:1, 2)

---

1) 작자 미상의 출처

말씀을 삶 속으로

하나님의 말씀은 우리의 초점을 땅의 일들로부터 천국으로 옮기라고 계속해서 교훈하고 있다. 일주일 동안, 하루를 시작하거나 마칠 때 7분 정도 시간을 내어 다음의 일곱 가지 진리를 되새겨 보라.

1. 나에 대한 하나님의 계획은 결코 변하지 않는다.
2. 나의 구원은 천국에 안전히 보장되어 있으며, 어떤 것도 나의 구원을 빼앗을 수 없다.
3. 예수님이 다시 오시면, 나는 예수님께서 나를 위해 정성껏 준비해 놓으신 집으로 함께 갈 것이다.
4. 어떤 것도 나를 하나님의 사랑으로부터 끊을 수 없다. 고통, 고난, 역경, 악한 영, 나의 실수, 그 어떤 것도!
5. 하나님을 사랑하고 하나님께 의지하는 하루를 살자.
6. 이웃에게 하나님의 긍휼의 손이 되자.
7. 언젠가 나는 수많은 성도들과 함께 하나님의 보좌 앞에 서서 예배할 것이다. 우리는 천사들과 함께 이렇게 노래할 것이다.

"…죽임을 당하신 어린양이 능력과 부와 지혜와 힘과 존귀와 영광과 찬송을 받으시기에 합당하도다"(요한계시록 5:12)

암송 카드 9번, '죽음, 그 후'를 암송하라.

Q 토의

1. 함께 브레인스토밍 해 보자. 천국이 얼마나 멋진 곳일지 상상해 보는 시간이다.

   천국의 가장 좋은 점은 내가 …을 하지 않아도 된다는 것이다.
   천국의 가장 좋은 점은 내가 …을 할 수 있다는 것이다.
   천국을 생각할 때 떠오르는 이미지는 …이다.
   천국에는 …이 풍성할 것이다.
   천국에는 …이 없을 것이다.
   천국에서 만나 보고 싶은 사람은…
   천국에서 하고 싶은 일은…

2. 고린도전서 3장 10~15절에 따르면, 제대로 살지 못한 성도들은 손해를 보겠지만 구원은 받을 것이라고 한다. 우리가 이루어 온 일들 중에 헛된 것은 무엇이라고 생각하는가? 영원히 남을 것은 무엇인가? 당신은 어떤 손해를 볼 것이라고 생각하는가?

3. 이 장의 "천국은 어떤 곳인가?"에서 보았던 여섯 가지 천국의 특징 중 가장 마음에 드는 두 가지는 무엇인가? 이해하기 어려운 것은 무엇인가?

4. 당신의 영화된 몸이 어떤 모습이었으면 좋겠는가? 당신의 영화된 몸이 무엇을 할 수 있으면 좋겠는가?

5. 천국이 있음으로 인해 당신의 삶이 어떻게 변했으면 좋겠는가?

빈 칸에 알맞은 단어

위	잃는다
첫 번째 하늘	안전하다
두 번째 하늘	행위
세 번째 하늘	생각
집	말
처소	전도
최종	재정
천성(天城)	궁핍한 자들
백(白)보좌 심판	고난
심판대	염려
받는다	

19장 교회 I

> **밭 갈기**
>
> ● 교회를 향한 사랑과 헌신이 더욱 깊어진다.
> ● 교회의 5대 목적을 실현하는 데 있어서 당신의 역할을 새롭게, 또는 더 깊게 이해한다.

하나님의 교회에 대한 공부를 시작하려고 할 때면, "교회가 그렇게 중요합니까? 이미 구원받았는데, 교회에 꼭 나가야 합니까?"라고 질문하는 사람들이 있다. 실제로 그리스도인이라고 이야기하면서 교회에는 자주 나가지 않는 사람들도 있다. 교회가 정말 우리에게 필요한가?
물론이다! 로빈슨 크루소처럼 고립되어서는 신앙 생활을 할 수 없다. 교회에 소속되지 않고서는 그리스도인으로서의 삶을 살 수 없는 것이다. 신약 성경에서는 교회에 소속되지 않은 그리스도인이라는 개념은 찾아볼 수 없다.

교회의 필요성

하나님이 원하시는 교회	우리의 교회
영적 필수품	선택 활동
서로 세워주는 아름다운 공동체	개인주의가 만연한 공동체
영성이 계발되는 현장	신앙은 개인적인 문제
사회적 문제에 적극적으로 참여	이 땅에서의 소원을 비는 곳
누구라도 받아들이는 곳	새로 들어오는 사람들 배척
신앙과 삶이 일치하는 진실함	위선 : 말과 행동이 다른 성도들

하나님이 교회인 우리에게 바라시는 역할을 회복하려면, 교회가 처음에 어떻게 시작되었고 교회의 본질은 무엇이고 교회의 사명은 무엇인지 이해해야 한다. 그리고 그것들이 교회에 어떤 의미를 갖는지 알아보아야 할 것이다.

교회의 시작

하나님의 _____

하나님은 하나님을 위해 존재하는 백성, 온 마음으로 하나님을 사랑하는 백성, 하나님의 신실하심을 증명해 보여 주는 백성을 원하신다고 성경은 분명히 밝힌다.

> "너는 여호와 네 하나님의 성민이라 네 하나님 여호와께서 지상 만민 중에서 너를 자기 기업의 백성으로 택하셨나니"(신명기 7:6)

 집중 탐구

아담이 하나님과 조화롭게 살아갈 수 있는 축복을 버리자, 하나님은 자신을 위한 백성을 다시 부르셨다. 아브라함, 이삭, 야곱을 부르셔서 그 백성 이스라엘의 조상이 되게 하셨다. 이스라엘이 끊임없이 하나님과의 언약을 지키지 않자, 하나님은 "남은" 백성을 통해 그분의 계획을 이루어 가셨다. 그러나 결국 남은 백성들 역시 하나님께 신실하지 못했다. 하나님의 계획이 이루어진 것은 하나님이 자신의 아들 예수님을 보내서 마침내 하나님께 온전히 속하는 백성을 불러내셨을 때였다. 그 백성은 "택하신 족속, 왕 같은 제사장들, 거룩한 나라, 그의 소유된 백성"이다. 이것이 교회다.

> "오직 너희는 택하신 족속이요 왕 같은 제사장들이요 거룩한 나라요 그의 소유된 백성이니 이는 너희를 어두운 데서 불러내어 그의 기이한 빛에 들어가게 하신 자의 아름다운 덕을 선전하게 하려 하심이라"(베드로전서 2:9)

예수님께서 _____

마태복음 16장 18절에서 예수님은 "내가… 내 교회를 세우리니 음부의 권세가 이기지 못하리라"라고 말씀하셨다. 이것은 예수님께서 말씀하실 당시에도 교회는 아직 세워지지 않았음을 나타낸다. 예수님은 미래에 교회를 세우실 것이라고 예언하셨다.

성령이 주시는 _____

교회는 어떻게 세워지는가? 성령께서 성도들에게 세례를 베풀어 그리스도의 몸의 지체가 되게 함으로써 세워진다.

> "우리가 유대인이나 헬라인이나 종이나 자유자나 다 한 성령으로 세례를 받아 한 몸이 되었고 또 다 한 성령을 마시게 하셨느니라"(고린도전서 12:13)

교회의 본질(교회는 어떠해야 하는가?)

교회는 _____ 다.

신약 성경에서 교회를 가리켜 우선적으로 사용된 헬라어는 '에클레시아'로서, '부르다'라는 의미를 갖는다. 이것은 원래 회중(일반적, 또는 영적)을 가리켰지만, 하나님께서 부르신 회중이나 공동체를 의미하게 되었다. 따라서 여기서 핵심은 회중이 아니라, 하나님께서 그들을 함께 부르셨다는 사실이다.

에클레시아는 _____ 교회와 _____ 교회 모두를 가리킨다.

우주적 교회는 (교단에 상관없이) 예수 그리스도를 구주로 영접한 모든 족속, 인종, 문화로 구성된다. 우주적 교회에서는 교회의 _____ 을 강조한다.

지역 교회는 예배, 가르침, 교제, 사역을 위해 함께 모이는 성도들의 그룹이다. 지역 교회에서는 교회의 _____ 을 강조한다.

교회는 _____ 다.

교회와 관련된 또 다른 중요한 헬라어는 '코이노니아' 다. 번역하기 어려운 이 단어의 개념은 친교, 교제, 나눔, 참여 등이다. 이 단어는 '에클레시아', 즉 교회가 그리스도 안에서 나누어야 하는 삶을 나타낸다.

코이노니아는 예수 그리스도를 통해 하나님의 삶에 참여하는 것이다. 코이노니아는

- 친구 관계 이상이다.
- 이웃과 함께 저녁 식사를 하는 것 이상이다.
- 잘 맞는 사람들과 친하게 지내는 것 이상이다.

코이노니아는 하나님의 초자연적 역사를 통해서만 가능한 하나 됨이다.

코이노니아의 특징 :

- _____ (요한일서 1:6, 7)

- _____ (빌립보서 2:1, 2)

- _____ (빌레몬서 1:17)

- _____ (사도행전 2:44, 45)

- _____ (고린도후서 8:4)

- _____ (빌립보서 3:8~10)

- _____ (고린도전서 10:16)

 집중 탐구 | **교회 의식**

의식(ordinance)이란 예수님께서 예배에 정기적으로 포함시키라고 구체적으로 명령하신 행사들을 가리킨다. 예수님께서 교회에 주신 의식은 세례와 성찬이다.

세례는 우리가 그리스도를 영접했을 때 _____으로 일어난 일을 _____으로 실연하는 것이다. 세례를 통해 우리는 그리스도의 죽음, 장사, 부활에 참여한 것을 되새기며, 물속에서 나옴으로 주님이 주신 새 생명임을 표현한다.

그리스도 안의 성도는 꼭 세례를 받아야 할까? 첫째로, 그리고 무엇보다도, 예수님께서 명령하셨기 때문에 우리는 세례를 받아야 한다. 예수님은 우리가 예수님을 따르기 위해 밟아야 할 단계로 세례를 제정하셨다(명하셨다). 마태복음 28장 19, 20절의 대사명에서 예수님은 "모든 족속으로 제자를 삼아 아버지와 아들과 성령의 이름으로 세례를 주"라고 우리에게 말씀하셨다.

그리스도인이 되었을 때 당신의 생명에 일어난 일을 세례를 통해 세상에 보여 주는 것이다. 로마서 6장 4절을 보라.

> "그러므로 우리가 그의 죽으심과 합하여 세례를 받음으로 그와 함께 장사되었나니 이는 아버지의 영광으로 말미암아 그리스도를 죽은 자 가운데서 살리심과 같이 우리로 또한 새 생명 가운데서 행하게 하려 함이니라"(로마서 6:4)

주의 만찬, 혹은 성찬식 역시 영적인 사건을 물리적으로 눈앞에 보여 주는 것이다. 우리는 예수님의 찢어진 몸과 흘린 피를 통해서 하나님과 인간 사이에 _____ 이 성립되었음을 기억한다.

> "축사하시고 떼어 가라사대 이것은 너희를 위하는 내 몸이니 이것을 행하여 나를 기념하라 하시고 식후에 또한 이와 같이 잔을 가지시고 가라사대 이 잔은 내 피로 세운 새 언약이니 이것을 행하여 마실 때마다 나를 기념하라 하셨으니 너희가 이 떡을 먹으며 이 잔을 마실 때마다 주의 죽으심을 오실 때까지 전하는 것이니라"(고린도전서 11:24~26)

때로는 이러한 의식들을 성례(sacraments)라 부르는데, 이 단어는 라틴어 'Sacramentum'에서 유래했으며, 그것은 황제에 대한 로마 군인의 충성의 맹세를 의미했다. 그리스도인들이 그리스도께 대한 충성을 결의한다는 뜻으로 그 용어를 빌려 온 것이다. 이 의식들은 우리 주님의 은혜와 용서를 행동으로 보여 주는 설교이다. 우리가 세례를 받고 또 함께 주의 만찬을 먹을 때, 주님에 대한 충성을 표현하게 되는 것이다. 우리는 의식 때문에 은혜를 받는 것이 아니라, 이미 받은 은혜에 감사하기 위해 의식을 갖는다.

교회의 사명(교회는 무엇을 해야 하는가?)

교회의 다섯 가지 목적

교회의 다섯 가지 목적은 '대계명'과 '대사명'이라는 제목을 붙인 예수님의 두 말씀에 나타난다.

대계명

"예수께서 가라사대 네 마음을 다하고 목숨을 다하고 뜻을 다하여 주 너의 하나님을 사랑하라 하셨으니 이것이 크고 첫째 되는 계명이요 둘째는 그와 같으니 네 이웃을 네 몸과 같이 사랑하라 하셨으니 이 두 계명이 온 율법과 선지자의 강령이니라"(마태복음 22:37~40)

대사명

"그러므로 너희는 가서 모든 족속으로 제자를 삼아 아버지와 아들과 성령의 이름으로 세례를 주고 내가 너희에게 분부한 모든 것을 가르쳐 지키게 하라 볼찌어다 내가 세상 끝날까지 너희와 항상 함께 있으리라 하시니라"(마태복음 28:19, 20)

교회에 주신 다섯 가지 가르침

1. "네 마음을 다하여 하나님을 사랑하라" : _____
2. "네 이웃을 네 몸과 같이 사랑하라" : _____
3. "가서 …제자를 삼아" : _____
4. "세례를 주고" : _____
5. "가르쳐 지키게 하라" : _____

교회는 이것을 위해 존재한다 :

1. 하나님의 _____ 를 찬양하기 위해(예배)
   우리 주님을 높이라.

   "나와 함께 여호와를 광대하시다 하며 함께 그 이름을 높이세"(시편 34:3)

   "사람이 내게 말하기를 여호와의 집에 올라가자 할 때에 내가 기뻐하였도다"(시편 122:1)

2. 하나님의 _____ 을 전하기 위해(전도)
선교지를 복음화하라.

"나의 달려갈 길과 주 예수께 받은 사명 곧 하나님의 은혜의 복음 증거
하는 일을 마치려 함에는 나의 생명을 조금도 귀한 것으로 여기지 아니
하노라"(사도행전 20:24)

"…너희가… 내 증인이 되리라 하시니라"(사도행전 1:8)

3. 하나님의 _____ 을 연합시키기 위해(교제)
지체들을 격려하라.

"그러므로 이제부터 너희가 외인도 아니요 손도 아니요 오직 성도들과 동
일한 시민이요 하나님의 권속이라"(에베소서 2:19)

4. 하나님의 _____ 을 교육하기 위해(훈련)
지체들이 성숙하도록 교육하라.

"…그리스도의 몸을 세우려 하심이라 …그리스도의 장성한 분량이 충만한
데까지 이르리니"(에베소서 4:12, 13)

5. 하나님의 _____ 을 드러내기 위해(사역)
사역을 위해 무장시키라.

"이는 성도를 온전케 하며 봉사의 일을 하게 하며…"(에베소서 4:12)

암송 카드 10번, '교회'를 암송하라.

Q 토의

1. 성도의 연합이 생활 속에서 어떻게 이루어지고 있는가? 다음과 같은 상황에서 각자 어떻게 대처하는지 생각해 보자.

● 믿는 형제자매와 어떤 사안(가령 정치적 문제)에 대한 의견 차가 클 때 어떻게 대처하는가?

● 비교하려는 마음을 어떻게 극복하는가? '내게도 저런 은사가 있었으면' 이라고 생각하거나, '내가 받은 은사가 저 사람보다 나은데, 왜 저 사람만 크게 쓰임을 받을까?' 라고 생각하게 될 때 어떻게 하는가?

● 믿음 안에서 우리의 하나 됨이 우리의 아집을 극복할 수 있을까? 어떻게 극복할 수 있을까?

2. 코이노니아 교제의 일곱 가지 특징들을 복습해 보자. 개인적으로 어느 것이 당신에게 가장 중요한가?

3. 당신이 귀가해 보니 다섯 개의 전화 메시지가 녹음되어 있다고 해 보자.

● 새로운 선교 사업에 대해 당신의 의견을 묻는 전화

● 두 형제가 의견 불일치로 인해 갈등을 겪게 되었는데, 어떻게 도울 수 있을지 묻는 친구의 전화

● 말씀을 읽다가 어려운 부분이 있어 도움을 구하는 사람의 전화

● 새로운 사역을 시작하려는 아이디어를 가진 사람의 전화

● 어떻게 해야 하나님을 진정으로 예배할 수 있는지 질문하는 친구의 전화

　당신은 어느 전화에 가장 먼저 응답하겠는가?

빈 칸에 알맞은 단어

비전	성찬
세우심	영적, 물리적
능력	새 언약
에클레시아	예배
우주적, 지역	사역
연합	전도
사역	교제
코이노니아	훈련
빛	임재
연합	말씀
용납	가족
물질을 나눔	사람들
헌금	사랑
고난	

밭 갈기	● 당신의 삶과 세상 속에서 교회가 감당해야 할 역할을 깨닫는다.
	● 완벽한 교회에 대한 환상을 버리고 (약한 사람들로 가득하지만) 강한 교회상을 갖는다.

지난 장에서 배운 내용을 간단하게 짚고 넘어가자.

● 하나님은 교회에 비전을 주셨다.

● 예수님은 교회를 세우셨다.

● 성령님은 교회에 능력을 주신다.

예수님의 죽음과 부활을 통해 교회가 시작되었다.

교회는 전도, 교제, 훈련, 사역, 예배의 다섯 가지 목적을 통해 대사명과 대계명을 실현해야 한다.

신약 성경에는 교회의 이름과 비유 등 67가지가 등장하는데, 각각 교회의 본질과 사명의 각 특성을 설명하고 있다. 오늘 이 시간에는 교회의 비유 중 가장 뜻 깊은 다섯 가지를 살펴보자.

교회에 대한 비유

그리스도의 몸

교회는 예수님의 몸이요 예수님은 몸의 머리이시다.

> "또 만물을 그의 발 아래에 복종하게 하시고 그를 만물 위에 교회의 머리로 삼으셨느니라 교회는 그의 몸이니 만물 안에서 만물을 충만하게 하시는 이의 충만함이니라"(에베소서 1:22, 23)

교회가 그리스도의 몸이라는 사실을 이해하기 위해 우리는 교회의 두 가지 특성을 먼저 알아야 한다.

1. _____   2. _____

우리의 연합의 기초

- 그리스도께서 _____ 의 담을 허무셨다.

"그는 우리의 화평이신지라 둘로 하나를 만드사 원수 된 것 곧 중간에 막힌 담을 자기 육체로 허시고"(에베소서 2:14)

- 그리스도의 몸 안에서 우리의 _____ .

"법조문으로 된 계명의 율법을 폐하셨으니 이는 이 둘로 자기 안에서 한 새 사람을 지어 화평하게 하시고"(에베소서 2:15)

- 십자가 앞에서 동등한 _____ .

"또 십자가로 이 둘을 한 몸으로 하나님과 화목하게 하려 하심이라 원수 된 것을 십자가로 소멸하시고"(에베소서 2:16)

- 우리의 공통의 _____ , 공통의_____ , 공통의 _____ 종착지이다.

"그러므로 이제부터 너희는 외인도 아니요 나그네도 아니요 오직 성도들과 동일한 시민이요 하나님의 권속이라"(에베소서 2:19)

기억합시다

교회 안에서의 갈등을 어떻게 해결할까?

잘못된 방법 : _____

"…말쟁이는 친한 벗을 이간하느니라"(잠언 16:28)

올바른 방법 : _____

"네 형제가 죄를 범하거든 가서 너와 그 사람과만 상대하여 권고 하라 만일 들으면 네가 네 형제를 얻은 것이요 만일 듣지 않거든 한두 사람을 데리고 가서 두세 증인의 입으로 말마다 증참케 하라 만일 그들의 말도 듣지 않거든 교회에 말하고 교회의 말도 듣지 않거든 이방인과 세리와 같이 여기라"(마태복음 18:15~17)

"그러므로 예물을 제단에 드리다가 거기서 네 형제에게 원망 들을 만한 일이 있는 줄 생각나거든 예물을 제단 앞에 두고 먼저 가서 형제와 화목하고 그 후에 와서 예물을 드리라"(마태복음 5:23, 24)

우리의 다양성

"몸은 한 지체뿐만 아니요 여럿이니 만일 발이 이르되 나는 손이 아니니 몸에 붙지 아니하였다 할지라도 이로써 몸에 붙지 아니한 것이 아니요 또 귀가 이르되 나는 눈이 아니니 몸에 붙지 아니하였다 할지라도 이로써 몸에 붙지 아니한 것이 아니니 만일 온 몸이 눈이면 듣는 곳은 어디며 온 몸이 듣는 곳이면 냄새 맡는 곳은 어디냐"(고린도전서 12:14~17)

"우리가 한 몸에 많은 지체를 가졌으나 모든 지체가 같은 기능을 가진 것이 아니니 이와 같이 우리 많은 사람이 그리스도 안에서 한 몸이 되어 서로 지체가 되었느니라"(로마서 12:4, 5)

하나님의 양 무리

"또 이 우리에 들지 아니한 다른 양들이 내게 있어 내가 인도하여야 할 터이니 저희도 내 음성을 듣고 한 무리가 되어 한 목자에게 있으리라"(요한복음 10:16)

1. 우리는 양이다.
이 비유는 성도들이 그리스도의 양으로서 _____ 속한다는 점을 강조한다.

"너희가 내 양이 아니므로 믿지 아니하는도다 내 양은 내 음성을 들으며 나는 그들을 알며 그들은 나를 따르느니라 내가 그들에게 영생을 주노니 영원히 멸망하지 아니할 것이요 또 그들을 내 손에서 빼앗을 자가 없느니라 그들을 주신 내 아버지는 만물보다 크시매 아무도 아버지 손에서 빼앗을 수 없느니라"(요한복음 10:26~29)

2. 예수님은 목자다.
이 비유는 우리에 대한 예수님의 사랑과 양육을 표현한다.

"나는 선한 목자라 선한 목자는 양들을 위하여 목숨을 버리거니와… 나는 선한 목자라 나는 내 양을 알고 양도 나를 아는 것이 아버지께서 나를 아시고 내가 아버지를 아는 것 같으니 나는 양을 위하여 목숨을 버리노라 또 이 우리에 들지 아니한 다른 양들이 내게 있어 내가 인도하여야 할 터이니 그들도 내 음성을 듣고 한 무리가 되어 한 목자에게 있으리라"(요한복음 10:11; 14~16)

하나님의 권속(가족)

1. 하나님은 우리를 가족으로 입양하셨다.

사람이 태어나면서 자동으로 가족의 일원이 되듯이, 영적 자녀들도 마찬가지다. 우리는 구원받을 때 성령에 의해 하나님의 가족이 되어, 이제 하나님께서 우리의 아버지시다.

> "우리가 유대인이나 헬라인이나 종이나 자유인이나 다 한 성령으로 세례를 받아 한 몸이 되었고 또 다 한 성령을 마시게 하셨느니라"(고린도전서 12:13)

> "너희는 다시 무서워하는 종의 영을 받지 아니하고 양자의 영을 받았으므로 우리가 아빠 아버지라고 부르짖느니라"(로마서 8:15)

2. 우리는 서로를 가족으로 대해야 한다.

> "늙은이를 꾸짖지 말고 권하되 아버지에게 하듯 하며 젊은이에게는 형제에게 하듯 하고 늙은 여자에게는 어머니에게 하듯 하며 젊은 여자에게는 온전히 깨끗함으로 자매에게 하듯 하라"(디모데전서 5:1, 2)

하나님의 집

우리는 또한 하나님의 집이다(고린도전서 3:9).

구약 시대에는 이스라엘이 성전을 ＿＿＿＿＿＿(출애굽기 25:8). 그러나 지금은 교회가 성전, 즉 살아 있고 생명력 있는 ＿＿＿＿이다.

> "그러므로 이제부터 너희는 외인도 아니요 나그네도 아니요 오직 성도들과 동일한 시민이요 하나님의 권속이라 너희는 사도들과 선지자들의 터 위에 세우심을 입은 자라 그리스도 예수께서 친히 모퉁잇돌이 되셨느니라 그의 안에서 건물마다 서로 연결하여 주 안에서 성전

이 되어 가고 너희도 성령 안에서 하나님이 거하실 처소가 되기 위하여 그리스도 예수 안에서 함께 지어져 가느니라"(에베소서 2:19~22)

이 비유에서 예수님은 _____ 로 은유된다.
모퉁잇돌은 두 벽을 이어서 건물을 지지하는 역할을 한다. 아치를 세울 때에도, 지지대 사이에 모퉁잇돌을 끼워 넣는다. 모퉁잇돌이 아치의 하중을 견디기 때문에, 그게 빠지면 아치는 무너지게 된다.

각 성도는 _____ 로 은유된다.
교회가 성전으로 건축될 때, 각 돌은 하나님의 성품을 갖는 산 돌이고, 건물 전체가 성령을 통해 하나님께서 거하시는 처소가 된다.

"사람에게는 버린 바가 되었으나 하나님께는 택하심을 입은 보배로운 산 돌이신 예수께 나아가 너희도 산 돌같이 신령한 집으로 세워지고 예수 그리스도로 말미암아 하나님이 기쁘게 받으실 신령한 제사를 드릴 거룩한 제사장이 될지니라"(베드로전서 2:4, 5)

기억합시다

당신은 다른 교단이나 다른 교회의 성도들을 '진정한' 그리스도인으로 인정하는가? 당신은 그리스도인으로 살기 위해 모든 짐을 혼자 지고 애써 본 적이 있는가? 당신은 하나님의 집에서 당신의 자리가 얼마나 중요한지 깨닫지 못하고 있는가? 당신은 그리스도의 몸 안에서 다른 사람들의 도움을 필요로 하는가?

그리스도의 신부

이것은 예언적 의미를 담아 교회를 칭하는 은유다.

- 구약에서 이스라엘은 하나님의_____ 혹은 _____ 로 묘사
  되었다.

  "내가 네게 장가들어 영원히 살되 공의와 정의와 은총과 긍휼히 여김으
  로 네게 장가들며 진실함으로 네게 장가들리니 네가 여호와를 알리라"(호
  세아 2:19, 20)

- 그러나 이스라엘은 하나님께 대한 사랑의 서약에 반복적으로
  _____ 했다.

  "요시야 왕 때에 여호와께서 또 내게 이르시되 너는 배역한 이스라엘이
  행한 바를 보았느냐 그가 (기회만 있으면 다른 남자에게 몸을 맡기는 방
  탕한 아내처럼:영어 번역본 LB) 모든 높은 산에 오르며 모든 푸른 나무
  아래로 가서 거기서 행음하였도다 그가 이 모든 일들을 행한 후에 내가
  말하기를 그가 내게로 돌아오리라 하였으나 아직도 내게로 돌아오지 아
  니하였고 그의 반역한 자매 유다는 그것을 보았느니라"(예레미야 3:6, 7)

- 언약을 버린 이스라엘과 달리, 성경에서 교회는 신랑을 기다리는
  _____ 로 묘사된다.

  "내가 하나님의 열심으로 너희를 위하여 열심을 내노니 내가 너희를 정
  결한 처녀로 한 남편인 그리스도께 드리려고 중매함이로다"(고린도후서
  11:2)

에베소서 5장 22, 23절에서는 결혼한 남편과 아내의 관계를 그리스도
와 교회에 비유한다. 이것은 교회에 대한 그리스도의 사랑이 어떠한지

보여 주는 비유다. 주님은 교회를 위해 죽기까지 교회를 사랑하셨다. 또한 이 구절은 교회가 신랑이신 예수 그리스도께 순종해야 한다는 사실도 말하고 있다.

> "남편들아 아내 사랑하기를 그리스도께서 교회를 사랑하시고 그 교회를 위하여 자신을 주심같이 하라 이는 곧 물로 씻어 말씀으로 깨끗하게 하사 거룩하게 하시고"(에베소서 5:25, 26)

● 신부와 신랑의 관계는 교회의 두 가지 본질을 반영한다.

1. 교회는 신랑을 위해 _____ 된 모습으로 늘 깨어 있다.

> "그 때에 천국은 마치 등을 들고 신랑을 맞으러 나간 열 처녀와 같다 하리니 그 중의 다섯은 미련하고 다섯은 슬기 있는 자라 미련한 자들은 등을 가지되 기름을 가지지 아니하고 슬기 있는 자들은 그릇에 기름을 담아 등과 함께 가져갔더니 신랑이 더디 오므로 다 졸며 잘새 밤중에 소리가 나되 보라 신랑이로다 맞으러 나오라 하매 이에 그 처녀들이 다 일어나 등을 준비할새 미련한 자들이 슬기 있는 자들에게 이르되 우리 등불이 꺼져 가니 너희 기름을 좀 나눠 달라 하거늘 슬기 있는 자들이 대답하여 이르되 우리와 너희가 쓰기에 다 부족할까 하노니 차라리 파는 자들에게 가서 너희 쓸 것을 사라 하니 그들이 사러 간 사이에 신랑이 오므로 준비하였던 자들은 함께 혼인 잔치에 들어가고 문은 닫힌지라 그 후에 남은 처녀들이 와서 이르되 주여 주여 우리에게 열어 주소서 대답하여 이르되 진실로 너희에게 이르노니 내가 너희를 알지 못하노라 하였느니라 그런즉 깨어 있으라 너희는 그 날과 그 때를 알지 못하느니라"(마태복음 25:1~13)

2. 교회는 신랑과의 새로운 관계에 사람들을 _____ 해야 한다.

> "이에 종들에게 이르되 혼인 잔치는 준비되었으나 청한 사람들은 합당하지 아니하니 네거리 길에 가서 사람을 만나는 대로 혼인 잔치에 청하여

오라 한대"(마태복음 22:8, 9)

"…어린 양의 혼인 잔치에 청함을 받은 자들은 복이 있도다…"(요한계시록 19:9)

"성령과 신부가 말씀하시기를 오라 하시는도다 듣는 자도 오라 할 것이요 목마른 자도 올 것이요 또 원하는 자는 값없이 생명수를 받으라 하시더라"(요한계시록 22:17)

 기억합시다

> 그리스도와 교회는 영적 연애 관계다. 당신은 이것을 당신의 삶 속에서 생생하게 경험하고 있는가? 아니면 연애 관계라고 묘사하는 것이 너무 감상적이라고 생각되는가? 신랑이신 예수님께 복종하고 싶은 마음이 드는가? 당신의 삶은 예수님을 만날 준비가 됐는가? 예수님을 더욱 사랑하기 위해 조정해야 할 우선순위가 있다면?

결론

교회는 언제나 구닥다리에, 어둡고 가라앉아 있는 곳이라고 생각하는가? 교회라고 해서 꼭 그래야 하는 것은 아니다. 하나님은 지역 교회들이 생명력 넘치고, 성도들이 서로를 세워 주고, 사역과 사명을 수행하는 변혁의 집단이 되고, 잃어버린 사람들에게 소망을 찾아줄 수 있도록 이미 모든 능력을 공급해 주셨다. 마귀도, 범람하는 문화도 우리를 막을 수 없다. 교회가 무기력해지게 만들 수 있는 유일한 존재는 우리 자신이다. 교회가 그리스도의 몸, 하나님의 양 무리, 하나님의 가족, 하나님의 집, 그리스도의 신부의 역할을 하지 않는다면 교회는 무기력해질 것이다.

"내가… 내 교회를 세우리니 음부의 권세가 이기지 못하리라"(마태복음 16:18)

> **암송 카드 10번, '교회'를 암송하라.**
> 천국 문 앞에서 성경 암송 대회가 있을 것이다!

Q   토의

그룹 토의 시간을 통해 어떤 교회를 세워 갈 가야 하는지 이야기해 보자.

1. 교회는 그리스도의 몸이다 – 몸의 각 부분은 모두 중요하다. 당신의 몸 중에 서 없어도 괜찮은 부분이 있는가? 마찬가지로, 당신은 자신이 그리스도의 몸 의 중요한 한 부분이라고 느끼는가?

2. 교회는 하나님의 양 무리이다 – 어떻게 해야 목자이신 예수님이 우리를 인 도하시고, 우리 자신이 스스로를 인도하지 않을 수 있을까?

3. 교회는 하나님의 가족이다 – 어떻게 해야 하나님의 가족들을 섬길 수 있을 까?

4. 교회는 하나님의 집이다 – 당신은 다른 교단이나 다른 교회의 성도들을 '진 정한' 그리스도인으로 인정하는가? 당신은 그리스도인으로 살기 위해 모든 짐 을 혼자 지고 애써 본 적이 있는가? 당신은 하나님의 집에서 당신의 자리가 얼마나 중요한지 깨닫지 못하고 있는가? 당신은 그리스도의 몸 안에서 다른 사람들의 도움을 필요로 하는가?

5. 교회는 그리스도의 신부다 – 그리스도와 교회는 영적 연애 관계에 있다. 당 신은 이것을 당신의 삶 속에서 생생하게 경험하고 있는가? 아니면 연애 관계 라고 묘사하는 것이 너무 감상적이라고 생각되는가? 신랑이신 예수님께 순종 하고 싶은 마음이 드는가? 당신의 삶은 예수님을 만날 준비가 됐는가? 예수 님을 더욱 사랑하기 위해 조정해야 할 우선순위가 있다면?

참고 도서 │ 릭 워렌, 『새들백교회 이야기』(디모데 역간)

A **빈 칸에 알맞은 단어**

연합, 다양성   가졌다, 성전
분리   모퉁잇돌
하나 됨   산 돌
지위   아내, 신부
시민권, 가족, 미래   불충실
험담   처녀 신부
대면하라   준비
하나님께   초청

21장 재림 I

> **밭 갈기**
>
> 재림을 혼란이나 두려움이 아닌, 소망의 대상으로 본다.

예수님의 재림을 생각하면 무엇을 느끼는가?

무관심? 기대? 불안?

재림에 대한 모든 성경 공부에는 다음과 같은 경고 라벨이 붙어 있다.

경고 : 역사적 · 신학적 사실에 대한 _____ 에 빠져서 개인적 _____ 을 망각하지 말라.

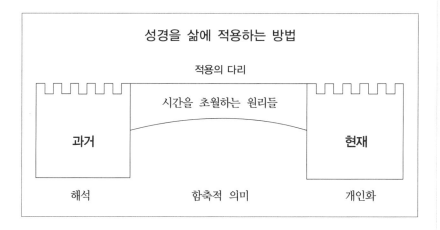

1. 재림에 대한 말씀은 독자들에게 무엇을 말하고자 한 것인가?

재림에 대한 예언의 많은 부분은 묵시 문학('베일을 벗기다', '드러내다' 라는 헬라어 '아포칼립스'(apocalypse)에서 유래), 즉 진리를 일부 사람들에게 드러내고 다른 사람들에게는 숨기도록 씌여진 저술 유형이다.

2. 시간을 초월하는 재림의 핵심은 무엇인가?

한 마디로, _____ 이다.
예수님의 재림에 관해, 성경은 그 당시 살았던 성도들뿐 아니라 우리에게도 소망을 준다. 이뤄져야 할 예언들이 아직도 많이 남아 있다.

3. 이 원리를 어디서 어떻게 적용할 것인가?

성경은 재림의 때와 현상에 대해 이야기할 뿐 아니라, 이 진리를 우리의 삶에 적용하는 것에 대해서도 강조한다. 재림을 시간표처럼 연구해서는 안 된다. 이 소망의 메시지가 우리의 삶의 방식에 실제로 영향을 미쳐야 한다.

기억하라.
　　이것은 들을 뿐 아니라, 순종해야 할 메시지다(야고보서 1:22).
　　무엇이 옳은지 알면서 하지 않는 것은 죄다(야고보서 4:17).
　　너무 많은 성도들이 미래를 소망하면서도, 오늘을 위해 아무것도 하지 않는다.

경고 : _____ 사항에 매여서 _____ 을 잃지 말라.

"한번은 내가 파리의 루브르 박물관에서 르누아르의 대작을 자세히 들여다보고 있었다. '이게 도대체 뭐지?' 그림이 이해되지 않던 나는 중얼거렸다. 그러자 아내가 대답했다. '뒤로 물러서요, 빌. 그러면 보일 거예요.' 나는 그 걸작에 너무 바짝 다가서서 하나의 점, 하나의 붓 자국을 보느라 전체를 보지 못했던 것이다. 나는 부분에 붙잡혀 있었다. 그러나 뒤로 물러서자 이해할 수 없던 퍼즐은 사라지고 화가의 아름다운 그림이 한눈에 들어왔다.
너무나도 오랫동안 너무나도 많은 사람들이 요한계시록에 너무나도 바짝 붙어 있었다. 그래서 우리는 그 위대한 걸작을 반점과 붓 자국의 연속으로 바꾸어 놓았다. 우리는 별, 용, 숫자의 의미를 현대적인 관점에 끼워 맞추느라 선지자의 비전의 큰 그림을 보지 못했고, 그의 긴박한 경고들을 놓쳐버렸다."[1]
— 빌리 그레이엄

경고 : 재림에 대해 공부할 때, '양극화'를 경계하라.

재림에 대해 배울 때는 양 극단에 끌려가지 않도록 균형 감각을 유지해야 한다. 진리에 대한 한 가지 관점에 집중하기 전에 전체를 살펴보는 것이 필요하다.

다음 두 장에서 살펴볼 주제
- 예수님 재림 시의 징조들
- 재림의 시기
- 예수님의 재림에 관련된 인물들
- 예수님의 재림을 둘러싼 사건들
- 나의 일상생활에 있어 재림의 의미

 집중 탐구

하나님은 정말 그리스도의 재림에 대해 우리에게 알려주고 싶으신 걸까?

이것을 기억하자.

성경은 30구절마다 한 번씩 마지막 때, 혹은 그리스도의 재림에 대해 언급하고 있다.

신약 성경 총 216장에서 그리스도의 재림을 300회 이상 언급하고 있다.

신약 성경 총 27권 중 그리스도의 재림을 언급하지 않은 것은 4권뿐이다.[2]

— 찰스 R. 스윈돌

예수님 재림 시의 징조들

세 가지 징조
  1. 마지막 때를 가리키는 징조들(재난의 시작)
  2. 마지막 때 직전의 징조들
  3. 마지막 때에 동반되는 징조들

마지막 때를 가리키는 징조들

재림 전에 일어날 것이라고 말씀하신 징조들은 많다. 예수님은 그것을 "재난의 시작"이라고 부르셨다. 그것들은 징조이지만, 가장 마지막에 나타나는 징조들은 아니다. 그것들은 2,000년 동안 성도들에게 이 세상이 하나님의 최종 계획이 아니라는 것을 보여 주는 징조들이다. 바로 우리가 지금 보고 있는 징조들이다. 이 세상의 쇠퇴와 부조리와 같은 징조들 말이다. 우리는 수천 년 동안 그 징조들을 보면서 '이 세상은 우리 생각만큼 안주할 수 있는 곳이 아니야. 언제 예수님이 오실지 몰라' 라고 생각할 수 있었다.

> "예수께서 이르시되 너희가 사람의 미혹을 받지 않도록 주의하라 많은 사람이 내 이름으로 와서 이르되 내가 그라 하여 많은 사람을 미혹하리라 난리와 난리의 소문을 들을 때에 두려워하지 말라 이런 일이 있어야 하되 아직 끝은 아니니라 민족이 민족을, 나라가 나라를 대적하여 일어나겠고 곳곳에 지진이 있으며 기근이 있으리니 이는 재난의 시작이니라"(마가복음 13:5~8)

1) Billy Graham, *Approaching Hoofbeats:The Four Horsemen of the Apocalypse* (Waco, Tex.:Word, 1983), 19-20
2) Charles R. Swindol, *Growing Deep in the Christian Life* (Portland, Ore:Multnamah Press, 1986), 268

- _____ 그리스도를 (거짓 표적과 기사들을 동반한다.)
- 전쟁
- 지진
- 기근

이 징조들은 마지막 때에 도처에서 한꺼번에 일어날 것이다. 이곳저곳에서 여러 전쟁들이 일어나서 최후의 큰 전쟁으로 이어질 것이다. 거짓 표적을 보이는 거짓 그리스도들이 나타나다가 최후의 큰 적그리스도가 등장하고, 그는 큰 거짓 표적들로 많은 사람을 미혹할 것이다(데살로니가후서 2:9; 요한계시록 19:20). 그리고 여러 곳에서 기근이 나타나다가 마지막 때 전 세계적 대 기근으로 이어질 것이다(요한계시록 6:5, 6). 지혜로운 자만이 역사 속에서 볼 수 있는 징후들이 있다. 그런가 하면 마지막 때에 모든 사람이 목도하게 되는 징조들이 있다. 그것은 자동차 후드에서 나는 소음을 듣고 문제를 알아채는 것과, 엔진이 완전히 망가진 후에야 깨닫는 것의 차이와 비슷하다.

이 징조들에 관한 예수님의 경고 : _____ !

마지막 때 직전의 징조들

- _____

"그 때에 많은 사람이 실족하게 되어(믿음에서 돌아서서 : 영어 번역본 NIV) 서로 잡아 주고 서로 미워하겠으며"(마태복음 24:10)

"때가 이르리니 사람이 바른 교훈을 받지 아니하며 귀가 가려워서 자기의 사욕을 따를 스승을 많이 두고"(디모데후서 4:3)

● 인간들의 악이 _____

"너는 이것을 알라 말세에 고통하는 때가 이르러 사람들이 자기를 사랑하며 돈을 사랑하며 자랑하며 교만하며 비방하며 부모를 거역하며 감사하지 아니하며 거룩하지 아니하며 무정하며 원통함을 풀지 아니하며 모함하며 절제하지 못하며 사나우며 선한 것을 좋아하지 아니하며 배신하며 조급하며 자만하며 쾌락을 사랑하기를 하나님 사랑하는 것보다 더하며 경건의 모양은 있으나 경건의 능력은 부인하니 이 같은 자들에게서 네가 돌아서라"(디모데후서 3:1~5)

"형제가 형제를, 아버지가 자식을 죽는 데에 내주며 자식들이 부모를 대적하여 죽게 하리라"(마가복음 13:12)

● _____하는 자들의 등장

"먼저 이것을 알지니 말세에 조롱하는 자들이 와서 자기의 정욕을 따라 행하며 조롱하여"(베드로후서 3:3)

● 많은 거짓 선지자들

"거짓 선지자가 많이 일어나 많은 사람을 미혹하겠으며"(마태복음 24:11)

마지막 때에 함께 일어나는 징조들

● 해, 달, 별들의 징조

"일월성신에는 징조가 있겠고…"(누가복음 21:25)

"그 날 환난 후에 즉시 해가 어두워지며 달이 빛을 내지 아니하며 별들이 하늘에서 떨어지며 하늘의 권능들이 흔들리리라"(마태복음 24:29)

● 바다의 포효, 천체가 흔들림

"…땅에서는 민족들이 바다와 파도의 성난 소리로 인하여 혼란한 중에 곤고하리라"(누가복음 21:25)

"사람들이 세상에 임할 일을 생각하고 무서워하므로 기절하리니 이는 하늘의 권능들이 흔들리겠음이라 그 때에 사람들이 인자가 구름을 타고 능력과 큰 영광으로 오는 것을 보리라"(누가복음 21:26, 27)

● (전례 없는) 큰 환난

"이는 그 때에 큰 환난이 있겠음이라 창세로부터 지금까지 이런 환난이 없었고 후에도 없으리라"(마태복음 24:21)

 집중 탐구

마지막 때의 사건들에 대해 요한계시록에서 상세하게 묘사하고 있다.

일곱 인(印) (최후의 충돌)	일곱 나팔 (최후의 파괴)	일곱 대접 (하나님의 진노가 끝나다)
1. 흰 말 : 정복	1. 땅	1. 종기(헌 데)
2. 붉은 말 : 전쟁	2. 바다	2. 바다가 피같이 됨
3. 검은 말 : 기근	3. 강들	3. 강들이 피가 됨
4. 청황색 말 : 사망	4. 해, 달, 별(세 번의 화)	4. 해가 불로 태움
5. 순교자들	5. 어둠 속으로 들어간 귀신들(황충들)	5. 짐승의 나라
6. 지진	6. 천사들과 지진들 (사람 3분의 1)	6. 유브라데 강물이 마름 (아마겟돈)
7. 일곱째 인은 일곱 나팔	7. 일곱째 나팔은 일곱 대접	7. 지진(최후)

"요한의 생생한 언어를 이해의 장애물로 생각하지 말라. 오히려 하나님의 계획을 놀랍도록 생생한 색깔로 그렸다고 생각하라."[3]

−빌리 그레이엄

우리는 앞에서 사람들이 죽은 후에 무슨 일을 겪게 되는지 공부했다. 성경은 이 세상이 어떻게 끝날 것인지에 대해서도 매우 분명히 설명한다. 이 세상은 피할 수 없는 종말을 향해 가고 있다.

"…하늘이 큰 소리로 떠나가고 물질이 뜨거운 불에 풀어지고 땅과 그 중에 있는 모든 일이 드러나리로다 …그 날에 하늘이 불에 타서 풀어지고 물질이 뜨거운 불에 녹아지려니와"(베드로후서 3:10, 12)

이것이 전부가 아니다!

"또 내가 새 하늘과 새 땅을 보니 처음 하늘과 처음 땅이 없어졌고 바다도 다시 있지 않더라"(요한계시록 21:1)

재림의 시기

예수님의 비유

● _____ 처럼(마태복음 25:1~13)

● 소돔의 멸망처럼

---

3) Billy Graham, Approaching Hoofbeats : The Four Horsemen of the Apocalypse (Waco, Tex. : Word, 1983), 19-20

"또 롯의 때와 같으리니 사람들이 먹고 마시고 사고팔고 심고 집을 짓더니 롯이 소돔에서 나가던 날에 하늘로부터 불과 유황이 비오듯하여 그들을 멸망시켰느니라 인자가 나타나는 날에도 이러하리라"(누가복음 17:28~30)

● ＿＿＿＿＿＿ 처럼

"노아의 때에 된 것과 같이 인자의 때에도 그러하리라 노아가 방주에 들어가던 날까지 사람들이 먹고 마시고 장가들고 시집가더니 홍수가 나서 저희를 다 멸망시켰으며"(누가복음 17:26, 27)

● ＿＿＿＿＿＿ 처럼

"그러므로 깨어 있으라 어느 날에 너희 주가 임할는지 너희가 알지 못함이니라 너희도 아는 바니 만일 집 주인이 도둑이 어느 시각에 올 줄을 알았더라면 깨어 있어 그 집을 뚫지 못하게 하였으리라 이러므로 너희도 준비하고 있으라 생각하지 않은 때에 인자가 오리라"(마태복음 24:42~44)

시기에 대한 사실

● 예수님의 재림의 시기는 "＿＿＿＿＿＿"이다.

"보라 내가 속히 오리니 이 두루마리의 예언의 말씀을 지키는 자는 복이 있으리라 하더라"(요한계시록 22:7)

● 예수님의 재림의 시기는 아버지만 아신다.

"그러나 그 날과 그 때는 아무도 모르나니 하늘의 천사들도, 아들도 모르고 오직 아버지만 아시느니라"(마태복음 24:36)

"그들이 모였을 때에 예수께 여쭈어 이르되 주께서 이스라엘 나라

를 회복하심이 이 때니이까 하니 이르시되 때와 시기는 아버지께서
자기의 권한에 두셨으니 너희가 알 바 아니요"(사도행전 1:6, 7)

● 예수님의 재림의 시기는 ＿＿＿＿＿＿ 때이다.

"주의 날이 밤에 도적같이 이를 줄을 너희 자신이 자세히 알기 때문이라"
(데살로니가전서 5:2)

"이러므로 너희도 준비하고 있으라 생각하지 않은 때에 인자가 오리라"
(마태복음 24:44)

마지막 때의 사람들

1. 불법의 사람/짐승/적그리스도

"누가 어떻게 하여도 너희가 미혹되지 말라 먼저 배교하는 일이 있고 저
불법의 사람 곧 멸망의 아들이 나타나기 전에는 그 날이 이르지 아니하
리니"(데살로니가후서 2:3)

할리우드는 이 절대 악을 행하는 악당에게 매료되어 그에 대한 영화를
끊임없이 만들어 왔다. 그러나 그들은 바울이 데살로니가후서에서 말
씀한 사실을 잘 알지 못했다.

"그는 대적하는 자라 신이라고 불리는 모든 것과 숭배함을 받는 것에 대
항하여 그 위에 자기를 높이고 하나님의 성전에 앉아 자기를 하나님이라
고 내세우느니라 …악한 자의 나타남은 사탄의 활동을 따라 모든 능력과
표적과 거짓 기적과 불의의 모든 속임으로 멸망하는 자들에게 임하리니…"
(데살로니가후서 2:4, 9, 10)

집중 탐구

이 "짐승"은 많은 적그리스도들 중에서도 가장 마지막 적그리스도일 것이다. 예수님의 초림 이후로 많은 적그리스도들이 나타났다. 따라서 "짐승"은 유일한 적그리스도가 아니라, 최종이자 최악의 적그리스도이다.

"많은 사람이 내 이름으로 와서 이르되 나는 그리스도라 하여 많은 사람을 미혹하리라"(마태복음 24:5)

"아이들아 지금은 마지막 때라 적그리스도가 오리라는 말을 너희가 들은 것과 같이 지금도 많은 적그리스도가 일어났으니 그러므로 우리가 마지막 때인 줄 아노라 …거짓말하는 자가 누구냐 예수께서 그리스도이심을 부인하는 자가 아니냐 아버지와 아들을 부인하는 그가 적그리스도니"(요한일서 2:18, 22)

적그리스도와 관련된 성경의 비유는 아래와 같이 많다. 사람들은 이 비유를 가지고 이런저런 해석을 해 왔다.

- 여자/바벨론 - 짐승을 탄다
- 일곱 머리
- 여자가 앉은 일곱 산
- 일곱 왕 - 다섯은 망하였고, 하나는 있고, 다른 이는 아직 이르지 아니하였다
- 요한계시록 17장에서는 짐승이 "여덟째 왕"으로 나타난다.
- 666 - 짐승의 수
- 열 뿔 - 짐승으로 더불어 다스릴 열 왕

집중 탐구

요한계시록은 원래의 독자와 후세의 성도들 모두에 대한, 예언의 이중 적용의 한 예이다.

예수님의 초림에도 이러한 예언의 이중 적용의 많은 예들이 있었다. 구약의 사건들에서 부분적으로 성취되었던 예언들이 그리스도의 생애 속에서 궁극적이고 완전한 성취를 이룬 것이다.

요한계시록의 짐승의 비유들은 분명히 당시의 로마 제국과 도미티안 황제를 가리키는 것이었다. 그러나 또한 분명한 것은 그것이 마지막 때에 가서 더 크게 성취된다는 것이다.

이 비유들을 해석하는 것 자체는 잘못된 것이 아니다. 그것을 하나님의 말씀의 완전한 진리와 혼동하지 않는 한 괜찮다. 제2차 세계대전 중에 많은 성도들이 히틀러가 마지막 적그리스도라고 분명하게 확신했다. 그러나 결국에는 그들의 확신이 잘못된 것으로 드러났다. 오늘날 우리가 하는 많은 해석과 추론 역시 틀릴 수 있다는 것을 겸손하게 인정해야 한다.

2. 두 번째 짐승/ _____

적그리스도는 자기 계획을 이루기 위해 부하를 두게 된다. 그 부하가 바로 "두 번째 짐승"(요한계시록 13:11~18)이며, 처음 짐승이자 불법의 사람인 적그리스도의 목적을 이루고 사람들로 하여금 그를 찬양하게 하는 것이 그의 유일한 임무이다.

3. 두 _____

요한계시록 11장에는 구약의 위대한 선지자들처럼 예언하고 하나님의 심판을 외치는 두 증인이 등장한다. 그들은 예루살렘에서 짐승에게 죽임을 당하지만, 적들이 보는 가운데 부활하여 하늘로 올라갈 것이다.

4. 14만 4,000명

이스라엘 각 지파 중에서 인 맞은 자들이 1만 2,000명(요한계시록 7:4~8).

말세의 환난 중에서 순결한 성도들(요한계시록 14:1, 5).

이들은 모두 개인이거나 개인들로 이뤄진 집단이다. 다음 장에서는 마지막 때에 성도들, 유대인들, 믿지 않는 자들에게 무슨 일이 일어나는지 포괄적으로 살펴볼 것이다.
잊지 말라. 지금까지 우리가 살펴본 수많은 등장인물은 사실 이 드라마에서 배경 역할을 할 뿐이다. 주인공은 예수 그리스도 한 분이시라는 것을 잊지 말라.

● 예수님께서 짐승과 그의 부하를 _____ 것이다.

"그 때에 불법한 자가 나타나리니 주 예수께서 그 입의 기운으로 그를 죽이시고 강림하여 나타나심으로 폐하시리라"(데살로니가후서 2:8)

● 예수님께서 두 증인을 되살리실 것이다.

"하늘로부터 큰 음성이 있어 이리로 올라오라 함을 그들이 듣고 구름을 타고 하늘로 올라가니 그들의 원수들도 구경하더라"(요한계시록 11:12)

● 예수님께서 14만 4,000명을 _____ 로 이끄실 것이다.

"어린양이 어디로 인도하든지 따라가는 자며 사람 가운데서 속량함을 받아 처음 익은 열매로 하나님과 어린양에게 속한 자들이니"(요한계시록 14:4)

● 예수님께서 절대적 _____ 중에 돌아오실 것이다.

"주께서 호령과 천사장의 소리와 하나님의 나팔 소리로 친히 하늘로부터 강림하시리니…"(데살로니가전서 4:16)

"보라 주께서 그 수만의 거룩한 자와 함께 임하셨나니 이는 뭇사람을 심판하사…"(유다서 1:14, 15)

"볼지어다 그가 구름을 타고 오시리라 각 사람의 눈이 그를 보겠고…"(요한계시록 1:7)

"복스러운 소망과 우리의 크신 하나님 구주 예수 그리스도의 영광이 나타나심을 기다리게 하셨으니"(디도서 2:13)

> **암송 카드 11번, '재림'을 암송하라.**
> 지금까지 암송 구절을 다 암송하지 못했다고 해서 이 구절을 그냥 넘어가지 말라.

1. 예수님이 언제 오실지 모른다는 사실이 오늘 우리의 삶에 어떤 영향을 끼칠 수 있을까? 혹은 내일을 맞는 우리의 마음을 어떻게 변화시킬 수 있을까?

2. 이 세상이 영원하지 않다면, 우리가 물질을 보는 관점, 정부나 기관, 우리 앞에 있는 문제나 갈등을 대하는 관점이 어떻게 달라져야 하겠는가?

3. 주님이 오시는 영광을 보기 전에 불안한 상황을 먼저 만나게 된다는 것을 알게 된 우리에게는 어떤 유익이 있을까?

4. 하나님은 우리에게 소망을 주시려고 예수님의 재림과 세상의 마지막에 대해 말씀해 주셨다. 그러나 많은 그리스도인들이 재림을 공부하면서 두려움을 느낀다. 왜 두려움을 느낀다고 생각하는가? 어떻게 하면 두려움을 소망으로 변화시킬 수 있는가? 왜 모든 핍박받는 그리스도인들이 예수님의 재림을 소망하며 견딜 수 있었을까?

빈 칸에 알맞은 단어

호기심, 책임	노아의 홍수
소망	밤의 도적
세부적인, 기쁨	속히
거짓	예상치 못한
속지 말라	거짓 선지자
배교	증인
증가	멸하실
기롱	승리
신랑	영광

22장 재림 II

 밭 갈기 예수님의 재림을 의미 있는 한 가지 방법으로 고대하며 살기로 결정한다.

지난 장에서는 예수님의 재림의 징조, 재림에 대한 묘사, 마지막 때에 나타나는 인물들에 대해 살펴보았다.

세 가지 징조

1. 마지막 때를 가리키는 징조들(재난의 시작)
2. 마지막 때 직전의 징조들
3. 마지막 때에 나타나는 징조들

재림의 시기에 대한 예수님의 비유

- 신랑처럼
- 소돔의 멸망처럼
- 노아의 홍수처럼
- 밤의 도적처럼

마지막 때의 사람들

- 불법의 사람/짐승/적그리스도
- 두 번째 짐승/거짓 선지자
- 두 증인
- 14만 4,000명

예수 그리스도께서 독보적인 주연이라는 것을 잊지 말자.
이제 예수님의 재림을 기다리는 우리의 자세가 어떠해야 하는지, 그리고 마지막 때에 어떤 사건들이 펼쳐질지에 초점을 맞춰 보자.

마지막 때의 사건들

사건들을 순서대로 다루면 좋겠지만, 안타깝게도 순서에 대한 학자들의 견해가 분분하다. 먼저 우리 모두가 분명히 동의하는 한 가지 사건을 살펴보자.

예수 그리스도께서 이 땅에 다시 오신다

예수님께서는 눈에 보이는 육신을 입고 처음 이 땅에 오신 것처럼, 다시 오실 때에도 같은 모습으로 오실 것이다. 예수님의 재림을 둘러싼 사건의 순서에 대해서는 의견이 분분하지만, 그분의 실제적 재림에 대해서는 논란이 없다. 예수님의 재림은 예수님의 초림보다 더 분명하게 예언되어 있기 때문이다.

> "이 말씀을 마치시고 그들이 보는데 올려져 가시니 구름이 그를 가리어 보이지 않게 하더라 올라가실 때에 제자들이 자세히 하늘을 쳐다보고 있는데 흰 옷 입은 두 사람이 그들 곁에 서서 이르되 갈릴리 사람들아 어찌하여 서서 하늘을 쳐다보느냐 너희 가운데서 하늘로 올려지신 이 예수는 하늘로 가심을 본 그대로 오시리라 하였느니라"(사도행전 1:9~11)

> "…그들이 인자가 구름을 타고 능력과 큰 영광으로 오는 것을 보리라"(마태복음 24:30)

> "내 아버지 집에 거할 곳이 많도다 그렇지 않으면 너희에게 일렀으리라 내가 너희를 위하여 거처를 예비하러 가노니 가서 너희를 위하여 거처를 예비하면 내가 다시 와서 너희를 내게로 영접하여 나 있는 곳에 너희도 있게 하리라"(요한복음 14:2, 3)

예수님께서 다시 오실 때 일어날 일들에 대한 학자들의 몇 가지 다른 주장들을 살펴볼 것이다. 그러나 이들의 주장을 이해한다고 해서 세상에 알려야 할 가장 중요한 사실을 잊어서는 안 된다. 그것은 예수님께서 다시 오신다는 사실이다.

모든 성도들이 알고 있어야 할 마지막 때의 네 가지 사건이 있다. 그것은 환난, 휴거, 예수님의 가시적 재림, 천년왕국이다.

환난

요한계시록 4~18장에 환난이 상세히 묘사되어 있다. 지난 시간에 배운 것처럼, 예수님의 재림과 함께 보게 될 징조들은 이 환난기에 일어나는 많은 사건들이다. 최후의 대전투인 아마겟돈 전투가 여기에 포함된다(요한계시록 16:16).

이 마지막 때의 환난이 이전의 어려웠던 시기들과 다른 두 가지 차이점이 있다.

● 첫째로, 지역적이 아니라 _____ 현상일 것이다.

● 둘째로, _____ 이 마지막 때가 다가왔음을 깨닫고 행동한다는 점에서 환난은 특별하다.

성경은 7년 환난을 두 기간으로 나눈다. 요한계시록에서는 환난의 절반을 "한 때와 두 때와 반 때"(요한계시록 12:14), 혹은 "마흔두 달"(11:2; 13:5), 혹은 "1,260일"(11:3; 12:6)이라고 지칭하는데, 그것은 결국 각각 3년 반이다.

질문 : 그리스도인들도 이 환난의 시기를 통과해야 할까?
이 질문에 대답하기 위해 휴거라 불리는 사건을 먼저 살펴보자.

휴거

'휴거'라는 뜻을 가진 헬라어는 데살로니가전서 4장 17절에서 '끌어올리다'(caught up)라는 단어로 번역되었다.

휴거는 예수님께서 모든 성도들을 예수님 곁으로 모으셔서 각 사람에게 부활된 영광스러운 몸을 주시는 것이다. 이것은 모든 사람이 보는 가운데 예수님께서 재림하셔서 열방을 심판하시고 그분의 나라를 세우시는 사건과 다른 시점에 일어난다. 많은 신학자들이 오직 성도들만이 휴거가 일어났음을 깨달을 것이고, 예수님의 가시적 재림 몇 년 전에 휴거가 일어날 것이라고 본다. 또 어떤 신학자들은 휴거와 예수님의 재림이 동시에 일어날 것이라고 주장하기도 한다.

휴거의 정확한 때는 우리가 알 수 없지만, 그 일이 반드시 일어날 것이라는 확신은 흔들리지 말아야 한다.

데살로니가전서 4장 13~18절은 휴거에 대해 가장 자세히 묘사하고 있는 말씀이다.

> "주께서 호령과 천사장의 소리와 하나님의 나팔 소리로 친히 하늘로부터 강림하시리니 그리스도 안에서 죽은 자들이 먼저 일어나고 그 후에 우리 살아남은 자들도 그들과 함께 구름 속으로 끌어올려 공중에서 주를 영접하게 하시리니 그리하여 우리가 항상 주와 함께 있으리라 그러므로 이러한 말로 서로 위로하라"(데살로니가전서 4:16~18)

● 첫째 : 주께서 _____하신다.

"주께서… 친히 하늘로 좇아 강림하시리니…"

구름 속에서(사도행전 1:11). 하나님의 조건에(마태복음 24:14). 예기치 못한 때에(마태복음 24:37).

● 둘째 : 그리스도 안에서 죽은 자들이 _____ .

"그리스도 안에서 죽은 자들이 먼저 일어나고…"

"죽은 자의 부활도 그와 같으니 썩을 것으로 심고 썩지 아니할 것으로 다시 살아나며 욕된 것으로 심고 영광스러운 것으로 다시 살아나며 약한 것으로 심고 강한 것으로 다시 살아나며"(고린도전서 15:42, 43)

● 셋째 : 살아 있는 우리들은 그들과 함께 _____ 것이다.

데살로니가전서 4장에서 "살아남은 자도 저희와 함께… 끌어올려"라고 말씀한다.

● 넷째 : 우리가 공중에서 주를 _____ 영원히 주와 함께 있을 것이다.

 집중 탐구

교회의 휴거와 예수님이 재림하셔서 열방을 심판하시고 그분의 나라를 세우시는 때 사이의 간격에 대해서는 의견이 분분하다.
어떤 이들(무천년설과 후천년설)은 이 두 가지가 연달아 일어나거나 동시에 일어난다고 주장한다. 또 어떤 이들(전천년설)은 이 일에 순서가 있다고 주장한다. 그 순서에 대해서는 세 가지 관점이 지배적이다.
1. 환난 전 휴거 : 환난이 시작되기 직전에 휴거가 일어난다.
2. 환난 중 휴거 : 환난의 시기 3년 반을 보낸 후에 휴거가 일어난다.
3. 환난 후 휴거 : 7년 환난 끝에 휴거가 일어난다.

하나님께서 말세의 환난을 당하지 않도록 당신을 데려가신다면 정말 기쁠 것이다. 그러나 만일 하나님께서 그 말세에 우리를 증인으로 남겨 두겠다고 결정하시더라도 놀라거나 믿음을 잃지 말라.

그리스도의 가시적 재림

예수님의 가시적 재림은 휴거와 다르다. 예수님께서 돌아오실 때, 온 땅이 예수님께서 돌아오시는 것을 볼 것이고, 그분은 주권과 통치권으로 온 땅을 다스리실 것이다.

> "그 때에 인자의 징조가 하늘에서 보이겠고 그 때에 땅의 모든 족속들이 통곡하며 그들이 인자가 구름을 타고 능력과 큰 영광으로 오는 것을 보리라"(마태복음 24:30)

> "볼지어다 그가 구름을 타고 오시리라 각 사람의 눈이 그를 보겠고 그를 찌른 자들도 볼 것이요 땅에 있는 모든 족속이 그로 말미암아 애곡하리니 그러하리라 아멘"(요한계시록 1:7)

천년왕국

천년왕국이란 요한계시록 20장 1~6절에서 말씀하는 그리스도의 천년 통치를 가리키는 용어이다.

> "또 내가 보매 천사가 무저갱의 열쇠와 큰 쇠사슬을 그 손에 가지고 하늘로부터 내려와서 용을 잡으니 곧 옛 뱀이요 마귀요 사탄이라 잡아서 천 년 동안 결박하여 무저갱에 던져 넣어 잠그고 그 위에 인봉하여 천 년이 차도록 다시는 만국을 미혹하지 못하게 하였는데 그 후에는 반드시 잠깐 놓이리라 또 내가 보좌들을 보니 거기 앉은 자들이 있어 심판하는 권세를 받았더라 또 내가 보니 예수를 증언함과 하나님의 말씀 때문에 목 베임을 당한 자들의 영혼들과 또 짐승과 그의 우상에게 경배하지 아니하고 그들의 이마와 손에 그의 표를 받지 아니한 자들이 살아서 그리스도와 더불어 천 년 동안 왕 노릇하니 (그 나머지 죽은 자들은 그 천 년이 차기까지 살지 못하더라) 이는 첫째 부활이라 이 첫째 부활에 참여하는 자들은 복이 있고 거룩하도다 둘째 사망이 그들을 다스리는 권세가 없고 도리어 그들이 하나님과 그리스도의 제사장이 되어 천 년 동안 그리스도와 더불어 왕 노릇하리라"(요한계시록 20:1~6)

그리스도의 천년 통치에 대한 학자들의 관점은 크게 세 가지로 나뉜다.

1. 후천년설(천년왕국 후에 예수님께서 다시 오신다.)
이 관점은 복음의 전파와 성령께서 개인들의 심령 속에 행하시는 구원 사역을 통해 하나님의 왕국이 이 세상에 확장된다고 본다. 이 견해에 의하면, 세상은 결국 기독교화될 것이고, 흔히 천년왕국이라 불리는 의(義)의 기간이 끝날 때 그리스도께서 재림하실 것이다. 이것은 문자적인 1,000년이 아니라 긴 시간을 뜻할 것이다.

장점 : 세상을 변화시키는 복음의 능력에 대한 낙관적인 관점과 대사명이 성취될 것이라는 소망을 준다.
약점 : 현실적으로, 지금 우리가 보고 있는 세상에 적용하기 힘들다. 성경적으로도, 마지막 환난에 대한 성경의 가르침과 어긋나는 부분이 있다.

2. 무천년설(지상의 천년왕국 없이 예수님께서 다시 오신다.)
이 견해에 따르면, 마지막 때까지 선과 악, 하나님의 나라와 사탄의 나라는 함께 확장될 것이다. 마지막 때에 그리스도의 재림이 있은 후, 모든 사람들의 전반적 부활과 전반적 심판이 있다는 것이다. 그리스도의 1,000년 통치는 문자적인 것이 아니라, 예수님의 부활부터 재림까지 지상에서 그분의 역사를 상징한다.

장점 : 부활한 성도들이 중생하지 않은 세상 속에서 최후 심판 때까지 1,000년 동안 살아야 하는가에 대한 의문을 해결해 준다.
약점 : 재림에 대한 많은 예언들을 실제 사건이 아니라 영적 상징으로 받아들이게 된다.

3. 전천년설(천년왕국 전에 예수님께서 다시 오신다.)

전천년설은 그리스도의 재림이 천년왕국 전에 일어날 것이고, 지상에 글자 그대로 1,000년 동안 그리스도의 왕국이 세워진다고 보는 견해다. 이 견해에 따르면, 그리스도의 왕국은 1,000년 동안 이 땅 위에서 지속될 것이다. 그리스도께서 왕으로 친히 통치하시는 정부가 세워지는 것이다. 그리고 그 때 그리스도의 지상 왕국에 대해서 아직 성취되지 않은 모든 언약들이 실현될 것이다.

장점 : 재림에 관련된 모든 성경 말씀을 그대로 받아들이려 하며, 이해하기 어려운 것도 그냥 지나치지 않는다. 성경을 글자 그대로 해석하는 관점.

약점 : 성경을 지나칠 정도로 복잡하게 해석하고 분석하려 들고, 비유나 상징의 의미에 대해 일관되지 않은 해석을 하게 된다.

 기억합시다

네 가지 사건이 주는 위로

1. 환난이 올 것이라는 사실은 우리를 위로해 준다. 상황이 악화되어도 곧 하나님께서 회복하실 것이기 때문이다.
2. 휴거가 일어날 것이라는 사실은 우리를 위로해 준다. 하나님께서 자녀들을 집으로 데려가실 것이기 때문이다.
3. 예수님이 재림하신다는 사실은 우리를 위로해 준다. 예수님께서 궁극적으로 만물의 주가 되실 것이기 때문이다.
4. 천년왕국이 임할 것이라는 사실은 우리를 위로해 준다. 하나님께서 영원으로 이어지는 계획을 갖고 계시기 때문이다.

   "우리가 주목하는 것은 보이는 것이 아니요 보이지 않는 것이니 보이는 것은 잠깐이요 보이지 않는 것은 영원함이라"(고린도후서 4:18)

마지막 때에 이들에게 무슨 일이 일어나는가?

성도

한 마디로 말해서, _____ !

"이와 같이 그리스도도 많은 사람의 죄를 담당하시려고 단번에 드리신 바되셨고 구원에 이르게 하기 위하여 죄와 상관없이 자기를 바라는 자들에게 두 번째 나타나시리라"(히브리서 9:28)

"그리하면 목자장이 나타나실 때에 시들지 아니하는 영광의 관을 얻으리라"(베드로전서 5:4)

"사랑하는 자들아 우리가 지금은 하나님의 자녀라 장래에 어떻게 될지는 아직 나타나지 아니하였으나 그가 나타나시면 우리가 그와 같을 줄을 아는 것은 그의 참모습 그대로 볼 것이기 때문이니"(요한일서 3:2)

유대인

한 마디로 말해서, _____ .

로마서 11장의 바울의 분명한 진술을 들어 보자.

"그러므로 내가 말하노니 그들이 넘어지기까지 실족하였느냐 그럴 수 없느니라 그들이 넘어짐으로 구원이 이방인에게 이르러 이스라엘로 시기나게 함이니라 그들의 넘어짐이 세상의 풍성함이 되며 그들의 실패가 이방인의 풍성함이 되거든 하물며 그들의 충만함이리요… 형제들아 너희가 스스로 지혜 있다 하면서 이 신비를 너희가 모르기를 내가 원하지 아니하노니 이 신비는 이방인의 충만한 수가 들어오기까지 이스라엘의 더러는 우둔하게 된 것이라 그리하여 온 이스라엘이 구원을 받으리라 기록된 바 구원자가 시온에서 오사 야곱에게서 경건하지 않은 것을 돌이키시겠고"
(로마서 11:11, 12, 25, 26)

불신자

한 마디로 말해서, _____ .

"또 내가 크고 흰 보좌와 그 위에 앉으신 이를 보니 땅과 하늘이 그 앞
에서 피하여 간 데 없더라 또 내가 보니 죽은 자들이 큰 자나 작은 자
나 그 보좌 앞에 서 있는데 책들이 펴 있고 또 다른 책이 펴졌으니 곧
생명책이라 죽은 자들이 자기 행위를 따라 책들에 기록된 대로 심판을 받
으니… 누구든지 생명책에 기록되지 못한 자는 불못에 던져지더라"(요한
계시록 20:11, 12, 15)

우리의 태도는 어떠해야 하는가?

● 깨어 _____ .

"주의하라 깨어 있으라 그 때가 언제인지 알지 못함이라"(마가복음 13:33)

"그가 홀연히 와서 너희가 자는 것을 보지 않도록 하라"(마가복음 13:36)

● 깨어 _____ .

"그러므로 우리는 다른 이들과 같이 자지 말고 오직 깨어 정신을 차릴지
라"(데살로니가전서 5:6)

"그러므로 너희 마음의 허리를 동이고 근신하여 예수 그리스도께서 나타
나실 때에 너희에게 가져다 주실 은혜를 온전히 바랄지어다"(베드로전서
1:13)

"만물의 마지막이 가까이 왔으니 그러므로 너희는 정신을 차리고 근신하여 기도하라"(베드로전서 4:7)

- 거룩한 삶을 살라.

"이 모든 것이 이렇게 풀어지리니 너희가 어떠한 사람이 되어야 마땅하냐 거룩한 행실과 경건함으로 하나님의 날이 임하기를 바라보고 간절히 사모하라…"(베드로후서 3:11, 12)

- _____ 하며 _____ 기다리라.

"너희도 길이 참고 마음을 굳건하게 하라 주의 강림이 가까우니라"(야고보서 5:8)

"너희가 모든 은사에 부족함이 없이 우리 주 예수 그리스도의 나타나심을 기다림이라"(고린도전서 1:7)

- 그분의 _____ 을 사모하라.

"이제 후로는 나를 위하여 의의 면류관이 예비되었으므로 주 곧 의로우신 재판장이 그 날에 내게 주실 것이며 내게만 아니라 주의 나타나심을 사모하는 모든 자에게도니라"(디모데후서 4:8)

"모든 사람에게 구원을 주시는 하나님의 은혜가 나타나 우리를 양육하시되 경건하지 않은 것과 이 세상 정욕을 다 버리고 신중함과 의로움과 경건함으로 이 세상에 살고 복스러운 소망과 우리의 크신 하나님 구주 예수 그리스도의 영광이 나타나심을 기다리게 하셨으니"(디도서 2:11~13)

기억합시다

예언의 지식은 하나님을 찬양하게 하는 은사다. 요한계시록에서 처음부터 끝까지, 사도 요한은 하나님께서 예언하시는 미래를 보며 예배를 드렸다.

"내가 볼 때에 그 발 앞에 엎드려져 죽은 자같이 되매 그가 오른손을 내게 얹고 가라사대 두려워 말라 나는 처음이요 나중이니"(요한계시록 1:17)

"이것들을 보고 들은 자는 나 요한이니 내가 듣고 볼 때에 이 일을 내게 보이던 천사의 발 앞에 경배하려고 엎드렸더니 저가 내게 말하기를 나는 너와 네 형제 선지자들과 또 이 책의 말을 지키는 자들과 함께된 종이니 그리하지 말고 오직 하나님께 경배하라 하더라"(요한계시록 22:8, 9)

마지막 때에 대한 공부의 주제는 바로 이것이다. "하나님께 경배하라."

암송 카드 11번, '재림'을 암송하라.

부록	말세에 대한 신학자들의 견해			
분류 기준	무천년설	후천년설	역사적 전천년설	세대주의적 전천년설
그리스도의 재림	일회성 사건:휴거와 재림의 구분 없음. 영원한 상태 시작.	일회성 사건:휴거와 재림의 구분 없음. 천년왕국 후에 그리스도의 재림.	동시 휴거와 재림. 그리스도께서 통치하시려 지상에 돌아오신다.	재림의 두 단계:교회의 휴거. 7년 후 지상 재림.
부활	그리스도 재림 시 신자와 불신자의 일반적 부활.	그리스도의 재림 시 신자와 불신자의 일반적 부활.	천년왕국 시작할 때 신자들 부활. 천년왕국 끝날 때 불신자들 부활.	1.교회의 휴거 2.구약 성도들, 환난 통과한 성도를 재림 시 부활. 3.천년왕국 끝에 불신자들 부활.
심판	모든 사람들의 일반적 심판.	모든 사람들의 일반적 심판.	재림 시 심판. 환난 끝에 심판.	1.신자들의 휴거. 2.유대인, 이방인 환난 끝에 심판. 3.불신자들은 천년왕국 끝에 심판.
환난	이 시대에 환난 경험.	이 시대에 환난 경험.	환난 후 휴거설:교회가 환난을 통과한다.	환난 전 휴거설:교회는 환난 전에 휴거된다.
천년왕국	재림 후 지상에 문자적 천년왕국 없음. 교회 시대에 하나님의 왕국 존재.	복음이 전파되어 현 시대가 천년왕국이 되어 간다.	천년왕국은 현재이자 미래이다. 그리스도께서 이미 하늘에서 다스리고 계시며, 천년왕국이 반드시 1,000년을 말하는 것은 아니다.	그리스도의 재림 시 문자적인 1,000년의 천년왕국이 지상에 시작된다.
이스라엘과 교회	이스라엘과 교회의 구별 없음. 교회가 새 이스라엘이다.	이스라엘과 교회를 어느 정도 구분. 이스라엘을 향한 하나님의 계획이 있지만, 영적 이스라엘은 교회다.	이스라엘과 교회를 어느 정도 구분. 이스라엘을 향한 하나님의 계획이 있지만, 영적 이스라엘은 교회다.	이스라엘과 교회 완전한 구분. 각각을 위한 하나님의 계획이 따로 있다.
지지하는 학자	벌코프(L. Berkhof), 알리스(O.T. Allis), 버크호워(G.C. Berkhouwer)	찰스 하지(Charles Hodge), 워필드(B.B. Warfield), 쉐드(W.G.T. Shedd), 스트롱(A.H. Strong)	라드(G.E. Ladd), 리스(A. Reese), 에릭슨(M.J. Erickson)	체퍼(L.S. Chafer), 펜트코스트(J.D. Pentecost), 라이리(C.C. Ryrie), 월부드(J.F. Walvoord), 스윈돌(C. Swindoll)

출처 : 폴 엔스의 『The Moody Handbook of Theology』(무디 신학 핸드북, Chicago:Moody Press, 1989). 허락 하에 사용됨.

Q 토의

1. 예수님께서 당신을 위해 처소를 예비하신다는 사실을 통해 당신에 대한 예수님의 사랑이 어떠함을 느끼게 되는가? 당신에 대한 예수님 사랑의 깊이를 이해할 수 있도록 어떻게 성장하고 싶은가?

2. 하나님 교회의 휴거가 어떤 것일지 상상이 되는가? 당신이 아는 사람 중에서 누구의 부활한 몸이 무덤에서 나와 공중에서 만나게 될 것이라고 생각되는가? 예수님을 만나러 올라가는 중에 당신은 누구의 손을 꼭 잡고 싶은가? 무슨 일이 일어나고 있는지 깨달은 순간, 당신의 머릿속에 제일 처음 떠오르는 생각이 무엇이었으면 좋겠는가?

3. 천년왕국이라는 주제에 대해 여러 가지 견해가 있다는 사실에서 무엇을 느끼는가?

4. 예수님의 재림에 대해서 실제 우리가 어떤 삶의 태도를 가져야 하나님이 기뻐하실지 이야기해 보자.

    깨어 경계하라. 예수님께서 다시 오실 것이라는 사실을 잊지 않도록 어떻게 살아야 할까?
    깨어 근신하라. 예수님이 재림하신다는 사실이 당신으로 하여금 어떻게 죄의 유혹을 이기고 기도와 봉사 등 영적 훈련에 힘쓰게 하는가?
    거룩한 삶을 살라. 당신이 거룩한 삶을 사는 것은 예수님께서 돌아오실 때 책망받지 않기 위해서인가, 아니면 당신의 짧은 인생을 드려 주님을 기쁘시게 하기 원하는 소원 때문인가?
    인내하며 간절히 기다리라. 참고 기다리는 것을 좋아하는 사람은 아무도 없다.
    그분의 재림을 사모하라! 예수님께서 다시 오실 때 당신이 기대하는 것은 무엇인가?

참고 도서 │ 폴 리틀, 『이것을 믿는다』(생명의말씀사 역간)

A **빈 칸에 알맞은 단어**

전 세계적	회복
모든 사람	심판
강림	경계하라
일어난다	근신하라
끌어올려질	인내, 간절히
만나	재림
상(償)	

적용

> **밭 갈기**
>
> 지금까지 공부한 내용을 개인의 삶에 적용하기 위한 열한 가지 방법을 구체적으로 세워 본다.

"사랑하는 자들아 너희는 너희의 지극히 거룩한 믿음 위에 자신을 세우며…"(유다서 1:20)

"내가 기도하노라 너희 사랑을 지식과 모든 총명으로 점점 더 풍성하게 하사 너희로 지극히 선한 것을 분별하며…"(빌립보서 1:9, 10)

교리란 무엇인가?

기독교 교리는 성경이 _____ 것을 조직적으로 _____ 한 것이다. 신학의 실제적인 정의는 이해를 추구하는 _____ 이다.

교리 학습의 유익은 무엇인가?

1. _____을 더 잘 알게 된다.

우리가 세상의 주인이시며 세상을 다스리시는 하나님을 모른 채 살아가야 한다면 너무 비참할 것이다. 하나님을 모르는 이들에게는 세상은 이해할 수 없고, 미쳐 돌아가고, 고통스러운 장소일 뿐이다.
　　　　　　　　　　　　　　　　　　　　　　　　　　　- 제임스 패커

"여호와께서 이와 같이 말씀하시되 지혜로운 자는 그의 지혜를 자랑하지 말라 용사는 그의 용맹을 자랑하지 말라 부자는 그의 부함을 자랑하지 말라 자랑하는 자는 이것으로 자랑할지니 곧 명철하여 나를 아는 것과 나

여호와는 사랑과 정의와 공의를 땅에 행하는 자인 줄 깨닫는 것이라 나는 이 일을 기뻐하노라 여호와의 말씀이니라"(예레미야 9:23, 24)

2. _____을 살찌우게 된다.

"네가 이것으로 형제를 깨우치면 그리스도 예수의 좋은 일꾼이 되어 믿음의 말씀과 네가 따르는 좋은 교훈으로 양육을 받으리라"(디모데전서 4:6)

3. _____를 다른 사람들과 나눌 수 있게 된다.

"미쁜 말씀의 가르침을 그대로 지켜야 하리니 이는 능히 바른 교훈으로 권면하고 거슬러 말하는 자들을 책망하게 하려 함이라"(디도서 1:9)

4. 잘못된 길로 들어서지 않게 _____된다.

"단단한 음식은 장성한 자의 것이니 그들은 지각을 사용함으로 연단을 받아 선악을 분별하는 자들이니라"(히브리서 5:14)

5. _____ 하는 방식을 바꾸게 된다.

"대저 그 마음의 생각이 어떠하면 그 위인도 그러한즉…"(잠언 23:7)

어떤 사람이 어떻게 생각하는가가 그가 어떻게 행동하는가를 결정한다.

6. 신앙의 _____를 세우게 된다.

"그러므로 우리가 그리스도의 도의 초보를 버리고 죽은 행실을 회개함과 하나님께 대한 신앙과 세례들과 안수와 죽은 자의 부활과 영원한 심판에 관한 교훈의 터를 다시 닦지 말고 완전한 데로 나아갈지니라"(히브리서 6:1, 2)

삶의 기초

1. 내 마음을 어디에 두는가

"그러므로 너희가 그리스도와 함께 다시 살리심을 받았으면 위의 것을 찾으라 거기는 그리스도께서 하나님 우편에 앉아 계시느니라"(골로새서 3:1)

2. 내 생각을 어디에 두는가

"위의 것을 생각하고 땅의 것을 생각하지 말라"(골로새서 3:2)

"오직 여호와의 율법을 즐거워하여 그의 율법을 주야로 묵상하는도다"(시편 1:2)

"끝으로 형제들아 무엇에든지 참되며 무엇에든지 경건하며 무엇에든지 옳으며 무엇에든지 정결하며 무엇에든지 사랑받을 만하며 무엇에든지 칭찬받을 만하며 무슨 덕이 있든지 무슨 기림이 있든지 이것들을 생각하라"(빌립보서 4:8)

3. 내 눈을 어디에 고정시키는가

"믿음의 주요 또 온전하게 하시는 이인 예수를 바라보자 그는 그 앞에 있는 기쁨을 위하여 십자가를 참으사 부끄러움을 개의치 아니하시더니 하나님 보좌 우편에 앉으셨느니라"(히브리서 12:2)

"우리가 주목하는 것은 보이는 것이 아니요 보이지 않는 것이니 보이는 것은 잠깐이요 보이지 않는 것은 영원함이라"(고린도후서 4:18)

아버지,

하나님의 아들이신 예수님을 통해, 그리고 하나님의 성령으로, 하나님의 말씀 속의 진리를 가르쳐 주심을 감사드립니다. 배운 것 하나하나가 매일의 삶 속에 적용되기를 간절히 간구합니다. 주님 원하시는 대로 말씀 따라 사는 자들이 되게 하여 주옵소서. 그러나 다만 엎드려 비옵기는, 저희 힘으로는 주님 원하시는 삶을 살 수가 없습니다. 철저히 실패할 뿐입니다. 오직 아버지의 능력이 임하셔야만 이길 수 있습니다. 능력 주시옵소서. 저희 삶을 오직 주의 말씀 위에 세우게 하여 주옵소서.

예수님의 이름으로 기도합니다. 아멘.

빈 칸에 알맞은 단어

성경, 요약	진리
믿음	보호
하나님	생각
영혼	기초

암송 카드

1 성경

성경은 하나님의 완전한 가이드 북이다.

2 하나님

내가 상상하는 것보다 하나님은 더 크시고 더 좋으시고 더 가까이 계신다.

3 예수님

예수님은 우리에게 자신을 보여 주신 하나님이시다.

4 성령

이제 하나님은 내 안에 계시고 나를 통해 역사하신다.

5 창조

저절로 된 것은 아무것도 없다. 하나님께서 모든 것을 창조하셨다.

6 구원

은혜는 하나님과 관계를 맺는 유일한 방법이다.

7 성화

믿음은 성도가 성장하는 유일한 방법이다.

8 선과 악

하나님은 우리에게 선택권을 주시려고 악을 허용하셨다. 하나님은 악한 것을 통해서도 선을 이루신다. 그리고 하나님을 선택하는 자들에게는 악에 대한 승리를 약속하셨다.

9 죽음, 그 후

천국과 지옥은 실재하는 장소들이다. 죽음은 끝이 아니라 시작이다.

10 교회

세상을 바꾸는 진짜 힘은 교회에 있다.

11 재림

이 세상을 심판하고 하나님의 자녀들을 모으시려 예수님은 다시 오신다.

"보라 아버지께서 어떠한 사랑을 우리에게 주사 하나님의 자녀라 일컬음을 얻게 하셨는고 우리가 그러하도다 그러므로 세상이 우리를 알지 못함은 그를 알지 못함이니라"(요한일서 3:1).

"모든 성경은 하나님의 감동으로 된 것으로 교훈과 책망과 바르게 함과 의로 교육하기에 유익하니"(디모데후서 3:16)

"오직 주는 여호와시라 하늘과 하늘들의 하늘과 일월성신과 땅과 땅 위의 만물과 바다와 그 가운데 모든 것을 지으시고 다 보존하시오니 모든 천군이 주께 경배하나이다"(느헤미야 9:6)

"술 취하지 말라 이는 방탕한 것이니 오직 성령의 충만을 받으라"(에베소서 5:18)

"그 안에는 신성의 모든 충만이 육체로 거하시고 너희도 그 안에서 충만하여졌으니 그는 모든 정사와 권세의 머리시라"(골로새서 2:9, 10)

"우리가 알거니와 하나님을 사랑하는 자 곧 그 뜻대로 부르심을 입은 자들에게는 모든 것이 합력하여 선을 이루느니라"(로마서 8:28)

"내가 그리스도와 함께 십자가에 못 박혔나니 그런즉 이제는 내가 산 것이 아니요 오직 내 안에 그리스도께서 사신 것이라 이제 내가 육체 가운데 사는 것은 나를 사랑하사 나를 위하여 자기 몸을 버리신 하나님의 아들을 믿는 믿음 안에서 사는 것이라"(갈라디아서 2:20)

"너희가 그 은혜를 인하여 믿음으로 말미암아 구원을 얻었나니 이것이 너희에게서 난 것이 아니요 하나님의 선물이라"(에베소서 2:8)

"그러므로 너희 마음의 허리를 동이고 근신하여 예수 그리스도의 나타나실 때에 너희에게 가져올 은혜를 온전히 바랄지어다"(베드로전서 1:13)

"모이기를 폐하는 어떤 사람들의 습관과 같이 하지 말고 오직 권하여 그 날이 가까움을 볼수록 더욱 그리하자"(히브리서 10:25)

"위엣 것을 생각하고 땅엣 것을 생각하지 말라"(골로새서 3:2)